DU MÊME AUTEUR

RECHERCHES DE LA FRANCE, Gallimard, collection «Bibliothèque des histoires», 2013.

LES FRANÇAIS D'ALGÉRIE, préface de Charles-André Julien, Julliard, 1961; édition revue et augmentée, avec une préface de l'auteur, un document inédit de Jacques Derrida et un dossier critique, Christian Bourgois, 2012.

PRÉSENT, NATION, MÉMOIRE, Gallimard, collection «Bibliothèque des histoires», 2011.

HISTORIEN PUBLIC, Gallimard, collection «Blanche», 2011.

Direction d'ouvrages

LES LIEUX DE MÉMOIRE, Gallimard, collection «Bibliothèque illustrée des histoires», 1984-1993, 7 vol., repris dans la collection «Quarto», 1997, 3 vol.

Avec Jacques Ozouf, VINCENT AURIOL. JOURNAL DU SEPTENNAT, Tallandier, 2003, 7 vol.

ESSAIS D'EGO-HISTOIRE, *Maurice Agulhon, Pierre Chaumu, Georges Duby, Raoul Girardet, Jacques Le Goff, Michelle Perrot et René Remond,* Gallimard, collection «Bibliothèque des histoires», 1987.

Avec Jacques Le Goff, FAIRE DE L'HISTOIRE, Gallimard, collection «Bibliothèque des histoires», 1974, 3 vol.

JEUNESSE

PIERRE NORA

de l'Académie française

JEUNESSE

nrf

GALLIMARD

Il a été tiré de l'édition originale de cet ouvrage
soixante exemplaires sur vélin rivoli
des papeteries Arjowiggins numérotés de 1 *à* 60.

Pour Elphège

Dis, qu'as-tu fait, toi que voilà,
De ta jeunesse?

PAUL VERLAINE,
Sagesse

Prologue

Depuis des années, mes amis me pressent, en m'écoutant raconter l'une ou l'autre de mes histoires, d'écrire mes *Mémoires*. Je me suis toujours dérobé à cette tâche, que je sentais pourtant moi-même nécessaire.

La solennité qui entoure ce mot et cette tradition littéraire ne m'ont jamais paru convenir à la diversité chaotique de mes souvenirs. Manque de disponibilité ? Manque de capacité ? Sentiment d'un sens et d'un ordre impossibles à donner à l'ensemble ? Non. Mais deux fortes raisons qui me sont particulières.

La première, c'est qu'il est très difficile à un historien qui a tant travaillé sur la mémoire collective et qui a beaucoup étudié le genre et l'histoire des Mémoires d'écrire les siens propres. Mettre ses pas dans un chemin que l'on a déjà parcouru avec beaucoup d'autres ? Apporter sa petite pierre à un mur déjà bien construit ? Se conformer à un genre et à des codes dont, en historien, on a décortiqué toutes les formes? Cette situation spéciale suffisait déjà à me rendre l'exercice impraticable.

À cette raison s'en ajoute une autre qui nous met au cœur du problème.

Écrire ses Mémoires suppose un récit continu et organisé. Or, ma vie personnelle résiste à ce genre de composition. C'est peut-être là ce qui fait la singularité que l'on voudrait me voir exprimer. Mes souvenirs se refusent à s'organiser en un ensemble cohérent. Peut-être parce que cette vie n'a pas été le choix d'un parcours, le déploiement d'un projet, mais une succession de blocs, faits d'expériences hétérogènes.

Les souvenirs ici réunis ne s'apparentent donc pas à des Mémoires, au sens classique du terme, mais à un mélange de ce que j'ai baptisé «lieux de mémoire» et «ego-histoire». Pour mieux dire, ils relèvent de ce que l'on appelait autrefois un roman d'apprentissage. Je me suis spontanément concentré sur ce qui, dans ma jeunesse, m'a fait ce que je suis.

J'ai choisi le titre *Jeunesse* parce qu'à la différence de tant d'autres j'éprouve depuis longtemps le sentiment de ne m'être jamais tout à fait détaché du poids de cette jeunesse. Elle a eu en effet quelques particularités majeures : la guerre de neuf à treize ans; une famille faite d'individualités pas comme les autres; une impossibilité à me plier aux normes universitaires sans pouvoir cependant m'en détacher; une initiation amoureuse des moins banales;

une ouverture à plusieurs types de vie qui n'a pas été offerte à tous. J'ai même été tenté de mettre en exergue de ce livre une phrase de Jules Laforgue dont tous les lecteurs n'auraient peut-être pas apprécié la dérision : « Ma rare faculté d'assimilation a toujours contrarié le cours de ma vocation. »

De ce parti pris de fabrication découlent un certain nombre de traits qui peuvent déconcerter le lecteur : la discontinuité des chapitres, dont chacun aurait pu prendre les dimensions d'un ouvrage; une certaine indifférence aux limites exactes de la chronologie que dicteraient les dates d'une jeunesse, puisque beaucoup de cette jeunesse se prolonge en moi jusqu'à mon âge avancé; des redites et des retours sur des thèmes déjà évoqués que je n'ai pas cherché à éviter parce que, dans un contexte chaque fois différent, leur rappel n'a pas la même signification. Les souvenirs obéissent aux lois de la mémoire et non à celles de l'histoire.

C'est aussi pourquoi je n'ai pas souhaité numéroter les chapitres, pour laisser à chacun son indépendance, encore que ce soit de leur ordre et de leur succession que se dégage, je l'espère, un sens.

Il aura sans doute fallu le confinement obligatoire provoqué par la crise du Covid, si difficile à vivre pour la plupart et pour moi si clément, pour que, poussé par l'âge, je saisisse cette ultime occasion de me lancer dans ce type de « Mémoires ».

Je me suis lancé. Au galop. Et à ma façon.

LA NUIT DE HENDAYE

Un beau jour des années 1970, au cours d'une tournée de conférences aux États-Unis, j'ai été accueilli à Berkeley par un honorable professeur d'histoire des sciences. Au déjeuner, nous échangions des banalités sur nos situations respectives, sur la grande maison où il se promettait de m'inviter avec sa femme et ses enfants, autour de la piscine. Comme je m'étonnais de son français presque parfait, il me dit qu'il était né en France et réfugié aux États-Unis au moment de la guerre, quand il avait neuf ans.

De fil en aiguille, il nous est apparu avec stupeur que ce Roger Hahn avait passé la frontière espagnole à Hendaye le jour même et à l'heure où, dans la journée, ma mère, mes frères, ma sœur et moi aurions dû aussi la franchir.

Et tandis qu'il me racontait son histoire lointaine et devenue pour lui presque anecdotique, me revenait en mémoire cette sinistre nuit qui avait décidé de notre destin, et reste pour moi comme une scène primitive.

Hendaye était le bout de l'exode, et le saut dans un autre monde.

Au moment de la débâcle, mon père, mobilisé à Versailles comme médecin capitaine à l'hôpital Dominique-Larrey, avait fait venir sa femme et son fils aîné, Simon, qui avait alors dix-neuf ans, pour leur donner ses instructions. Il nous demandait de partir en Amérique avec les Bloch, Léon, Ida, la sœur la plus proche de ma mère, et leurs deux enfants. Mon père ignorait que les Bloch, de leur côté, suivaient les Meyer, Bella, autre sœur de ma mère, et son mari André.

Pour comprendre ce que la situation avait de baroque, il faut rappeler que la vie sociale de cette famille, dont le noyau était fait des quatre sœurs Lehman et de leurs époux respectifs, reposait sur une coupure fondatrice, les Montaigu et les Capulet, en quelque sorte : Gaston Nora d'un côté, André Meyer de l'autre. Ce dernier était à l'époque à la tête de la banque Lazard et passait pour le génie de la finance française. Le premier, chef de service à l'hôpital Rothschild, était un chirurgien connu et respecté.

La brouille durait depuis toujours entre les deux crocodiles. Mon père était arrivé le premier dans la famille Lehman, en 1919, après quatre ans de guerre, et sept sous les drapeaux. Il avait épousé l'aînée, Julie, et se considérait comme le protecteur naturel et adoré de leur mère, restée veuve jeune, et des trois autres filles qu'elle avait élevées seule : la cadette, Ida, charmante et fofolle, Bella, la plus jolie, et Berthe. Il avait vu d'un mauvais œil ce prétendant de dix ans plus jeune, ambitieux et combinard. André Meyer avait su se faire réformer pour échapper à la guerre et assez bien se débrouiller dans l'agiotage pour se faire, à vingt ans, un début de fortune et de réputation. Il avait jeté son dévolu sur Bella, mais comme celle-ci se refusait à l'épouser avant que son aînée, Ida, soit mariée, il fit épouser celle-ci par son cousin, Léon Bloch, dont il devait faire plus tard la carrière et la fortune, comme il faciliterait aussi celle de Pierre Jaudel, avocat d'affaires devenu l'époux de Berthe. On racontait qu'un jour où il s'était montré particulièrement arrogant et que mon père l'avait prévenu que « s'il continuait comme ça on finirait par le faire chier », André avait eu cette brutale réplique : « Allez-y, vous ne me ferez jamais autant chier que vous vous êtes fait chier pendant quatre ans ! »

Léon Bloch comme Pierre Jaudel slalomaient entre leurs affections, qui les portaient vers nous, et leurs intérêts, qui les attachaient à André Meyer ; tandis que les années étaient scandées par les arrivées à la maison de Bella, pour moi à l'époque la plus belle femme du monde, qui se réfugiait en larmes dans les bras de ma mère et les interdits d'André à son fils Philippe de fréquenter mon frère Jean, son cousin, qui avait son âge.

Or, voilà que, par la force des choses, tout ce monde se retrouvait : nous, suivant les Bloch, et les Bloch, suivant les Meyer.

Des routes de l'exode, je n'ai de souvenirs que reconstruits par les images. Je me rappelle seulement une panique de mitrailleuse venue d'un avion allemand en rase-mottes qui nous a fait tous sortir brutalement de la Citroën où nous nous entassions ; de mes frères qui se relayaient au volant et cherchaient de l'essence ; de ma mère en larmes à l'idée de quitter son mari ; de ma sœur accrochée aux bras de Michelle, la gouvernante, qui avait tenu à ne pas nous lâcher. Je me souviens surtout de Bordeaux et de l'attente à l'hôtel pour nos passeports et visas ; et de Francine Meyer, la fille de Bella et d'André, qui avait établi son quartier général dans une rue providentiellement appelée Blanc-de-Trouille, expliquant à ma sœur, rencontrée par hasard, que son père ne risquait rien puisqu'il était dans l'armée, mais que son père, à elle, était gravement menacé « parce qu'il défendait la France sur le front financier ». La phrase a fait partie de ces mantras répétés à satiété pendant des années.

Je me souviens surtout de la fuite éperdue pour ne pas perdre les Bloch, dans la file de voitures, dont plusieurs de collaborateurs et de proches d'André Meyer, pour passer la frontière à Hendaye.

Nous y sommes arrivés le soir, bons derniers, sous un de ces orages qu'on ne voit qu'au cinéma. Les hôtels étaient tous complets. Puisqu'il fallait se lever à l'aube pour éviter la queue au poste-frontière, autant passer quelques heures dans la voiture, les uns sur les autres. Sur la grande place, nous nous sommes alignés gentiment à côté des autres voitures pour sommeiller dans la nuit sinistre. Le lendemain, au réveil, la place était vide. À droite comme à gauche, plus de voitures, plus personne. Il ne nous restait qu'à les rejoindre à la douane, où effectivement les Bloch nous attendaient impatiemment, en s'énervant de laisser passer une foule devant eux. Ma mère, ma sœur et moi avons vu nos papiers tamponnés. Mais pas ceux des frères. Le douanier est rentré au poste, les conciliabules duraient. Une heure avant, une consigne était arrivée interdisant la sortie du territoire aux plus de dix-huit ans mobilisables. Jean pouvait nous suivre, pas l'aîné, Simon, qui nous conjurait de passer la frontière, poussés par la foule. Les Bloch, énervés, nous faisaient de grands signes d'impatience, et finalement, avant de partir, de grands gestes d'embrassades, nous plantant là, leur sœur, ma mère, seule, et ses quatre enfants. De cette scène bruyante, confuse et bousculée je garde le souvenir de ma mère s'emparant de ma sœur et moi, fendant la foule pour remonter vers ses fils comme une lionne en fureur à qui on aurait arraché ses petits.

Nous revoilà, à huit ou neuf heures du matin, la pluie ayant cessé, dans un café sur la place où nous avions laissé la voiture. Après un moment d'hébétude – « Qu'est-ce qu'on va faire ? » –, ce fut une explosion de joie ; on ne quitterait pas la France !

Roger Hahn continuait à me raconter sa famille, son oncle qui avait été l'ami de mon frère Jean, sa mère qui avait dû connaître la mienne. Et pendant qu'il parlait, je regardais, comme dans un miroir, l'incarnation de ce qu'à une heure près je serais devenu : un professeur américain.

Rien n'aurait été de ce que je vais raconter.

LE VERCORS

Mon père vivait, depuis l'arrivée de Hitler au pouvoir, dans la terreur de ce qui devrait un jour déferler sur la France et sur les Juifs en particulier. Il était de ceux qui, avec l'historien Louis Halphen et Robert Debré dont il était proche, avaient fait traduire *Mein Kampf* dans sa version originale, une traduction antérieure ayant supprimé tous les passages contre les Juifs.

Je me souviens d'un jour où mon père avait ramené de l'hôpital Rothschild, où il était chef du service d'urologie, quelques vieux Juifs à *payess* (papillotes) et manteaux râpés, réfugiés d'Allemagne et d'Autriche, pour écouter leurs récits terrifiants. Il avait même invité, pour leur faire partager ces informations, mes deux oncles Pierre Jaudel et Léon Bloch. Ceux-ci, les vieux Juifs partis, renchérissaient pour dire à mon père en riant : « Ils t'ont bien eu, ces *schnorrers* [mendiants], pour te faire casquer. » Malgré mon jeune âge, leurs réactions m'avaient choqué. Elles étaient typiques d'une bourgeoisie française qui se croyait à l'abri de toute persécution.

C'est dans cette crainte que mon père avait cherché, autour de Paris, un coin où abriter sa famille en cas d'occupation et de chasse aux Juifs. Tous les week-ends on explorait les environs de Paris pour finir par trouver dans ce qui était alors la Seine-et-Oise, à soixante kilomètres de Paris, une ferme isolée, en bordure de la forêt de Rambouillet, reliée par un chemin cabossé à un petit village, Bourdonné, où mon père nous croyait, en cas de besoin, à l'abri de tout, bombardements ou persécutions. C'est la «Cour des Hayes», vite devenue pour mon père le fief familial, où le Château-la-Frousse se mélangeait avec les week-ends de repos du chirurgien arrivé et ses velléités de jouer au gentleman-farmer.

Nous y avons passé l'hiver de la «drôle de guerre», pour partir, sur ordre de mon père mobilisé à Versailles, le long des routes de France, comme tout le monde. Puis dévaler jusqu'à Bordeaux, jusqu'à Hendaye, passer l'été à Cauterets dans les Pyrénées où mon père nous a rejoints avant de décider de rentrer seul à Paris. Quant à nous, il nous envoyait à Montpellier, pour que ses fils y poursuivent leurs études. Une des facultés nécessaires manquait à mes frères, droit pour l'un, ou médecine pour l'autre. Simon a eu alors l'idée de nous entraîner à Grenoble, où il pensait que les Jeanneney nous aideraient.

Il y avait en effet entre nos deux familles des liens que les temps et les générations successives n'ont fait que renforcer.

Jules Jeanneney, le président du Sénat, avait été, à la fin des années trente, l'un des patients importants de mon père, qui s'était attaché à lui. Il paraît que dans ces années d'avant-guerre j'accueillais mon père par la joyeuse interrogation : «Jules pisse ou Jules pisse pas?» Son fils, Jean-Marcel, le futur ministre du général de Gaulle, avait été le premier professeur de droit de Simon. J'ai moi-même vu naître Jean-Noël – l'historien et ministre de Mitterrand – en 1942, dont je suis devenu un peu le grand frère, et resté l'ami indéfectible, de dix ans son aîné.

Jean-Marcel et sa femme nous ont en effet généreusement accueillis et conseillé de nous installer à côté de chez eux, à l'hôtel Gambetta.

Il y avait là beaucoup de réfugiés juifs. C'est d'ailleurs pourquoi j'ai cru juifs les Robrieux, qui étaient avec leur jeune fils Philippe, le futur historien du communisme et auteur précoce de *Maurice Thorez. Vie secrète et vie publique*, cette biographie qui contribua de façon si efficace à démystifier *Fils du peuple* et à démontrer que l'auteur de cette prétendue autobiographie du chef du Parti communiste n'était autre qu'un militant, Jean Fréville.

Je ne savais pas trop ce qui nous désignait à l'exil, ce que signifiait être juif, sinon appartenir à une catégorie d'exclus et de Français particulièrement menacés. Au lycée Champollion, en sixième, dans la cour de récréation, je me suis fait pour la première fois traiter de «sale juif» par un petit gamin à nœud papillon, le fils des Gants Perrin, spécialité de Grenoble. Et comme beaucoup d'enfants dans ce cas-là, au lieu de me battre, je me suis effondré sur moi-même, comme rétréci d'un coup, humilié, déstabilisé. Mon frère aîné Simon, qui m'avait vu rentrer à la maison en pleurs, m'avait pris dans ses bras en disant : «La prochaine fois que ça t'arrive, tu fonces et tu frappes ! » C'est le début de la vaste pédagogie que je lui dois.

L'un de mes souvenirs marquants est, en mars 1941, la visite à Grenoble du maréchal Pétain. Tous les élèves des écoles avaient été appelés à se réunir pour l'acclamer place de Verdun, où le Maréchal devait prononcer son discours.

J'étais en sixième et M. Buener, notre professeur de français, nous avait exhortés à nous rassembler sur la place. La veille au soir, il y eut à la maison une vive discussion entre ma mère, qui se refusait à me voir participer à pareille manifestation, et mes frères qui, déjà engagés dans la Résistance étudiante, trouvaient bien inutile de nous faire remarquer pour si peu, d'autant que nous ne nous étions pas déclarés comme juifs à l'administration.

Je me suis donc mêlé à la foule des élèves, ou plutôt je me suis perdu dans cette foule, repoussé brutalement vers le mur des immeubles, perdant le souffle, envahi par ma première angoisse d'étouffement, me mettant à hurler jusqu'à ce que l'on me dégage pour m'installer aux premiers rangs. J'étais encore mal remis, tout haletant, quand Pétain, son discours terminé, faisant le tour de la place à pied, est arrivé à ma hauteur. Croyant sans doute que mes halètements étaient des cris d'extase, il s'est approché de moi et m'a tapoté la joue en murmurant quelques mots que j'ai oubliés.

Le lendemain, à peine arrivés en classe, M. Buener nous enjoignait : « Prenez une copie et racontez vos impressions de la visite du maréchal Pétain. »

J'étais bon en français et sans doute le seul à avoir quelque chose à raconter. Résultat, ma copie a été envoyée à Vichy d'où elle est revenue au lycée avec une annotation de la main du Maréchal : « Bravo, mon petit, continue ! »

Ce fut à Grenoble mon seul fait d'armes, dans cette ville où régnaient, malgré le calme apparent de la vie quotidienne, une sourde menace, des rumeurs de rafles, un effort pour passer inaperçu. On m'envoya par exemple aux louveteaux protestants pour faire, si je puis dire, plus catholique !

Mon frère Jean nous avait raconté le cours étrange de son professeur de philo qui, au début de l'année, leur avait lu un mode d'emploi de différents revolvers, avec dessins au tableau à l'appui, disant aux élèves d'une voix douce : « On ne sait jamais, par les temps qui courent, cela pourrait servir à certains d'entre vous. » Ce professeur n'était autre que Jean Beaufret, le futur introducteur de Heidegger en France, qui devint vite un familier de la maison. Ma mère le retenait à déjeuner en disant : « Restez, Beaufret, quand il n'y en a pas pour cinq, il n'y en a pas pour six ! »

Se mêlaient chez nous, le soir, des étudiants destinés à entrer dans la Résistance, un ancien cadre d'Uriage comme Joffre Dumazedier et son ami Benigno Cacérès, les futurs animateurs de Peuple et Culture, appelés à constituer des « cadres volants » dans les maquis pour y former intellectuellement les ouvriers et paysans engagés. C'est là que mon frère Simon a été enrôlé pour circuler dans le Jura, avant de rejoindre le Vercors.

Je me rappelle une soirée particulièrement agitée, début 1943, quand mes deux frères reçurent, comme beaucoup d'autres, la convocation au STO, service du travail obligatoire en Allemagne. C'était le moment pour eux de passer dans la clandestinité.

Durant l'été 1943, quand les Allemands ont réquisitionné, dans l'intention d'y installer la Gestapo, l'immeuble du cours Berriat où nous avions trouvé un appartement, nous nous sommes décidés à rester à Villard-de-Lans où nous étions allés passer quelques jours d'été à la pension Georges, fixée à jamais dans ma mémoire. Un jour, au moment où ma mère et moi rentrions déjeuner, la femme du patron de la pension nous a fait de la main un petit signe nous conseillant de nous éloigner. La Gestapo avait fait irruption pour nous chercher et, ne nous trouvant pas, exigea les papiers de tout le monde à table, avant d'embarquer un jeune homme de seize ans qui n'avait pas de papiers. On ne l'a jamais revu. Ce jour-là, j'ai pris conscience de la tragédie qui se jouait.

Je l'ai encore mieux comprise dans le pensionnat où mon frère Simon et ma mère m'avaient inscrit pour la rentrée. Le Portique, du nom de l'école stoïcienne, était à un kilomètre au-dessus de Villard-de-Lans, une étrange institution tenue par un non moins étrange directeur, M. Juillet.

Plus ou moins collé d'agrégation, Charles Juillet, professeur à Madagascar, je crois, et atteint de tuberculose, avait échoué dans un pensionnat de Megève, « Le Home ». Simon, souffrant de ce qu'on appelait alors une primo-infection, y avait été envoyé par mon père pour suivre la classe de première. Il s'était attaché à son professeur. Mon père avait ensuite aidé Juillet à monter son propre pensionnat, et le Portique était devenu un repaire d'intellectuels réfugiés, Juifs d'Autriche et d'Allemagne. Dans ce bled à l'écart de tout, il n'était question que de la Deuxième Internationale, de Marx, de la polémique

Bernstein-Kautsky, de la révolution, du trotskisme. C'est là que mon frère avait fait son apprentissage de Marx qui allait le rendre, après la guerre, plus connaisseur du marxisme que la plupart de ses amis communistes, et capable de les battre sur la paupérisation relative ou absolue du prolétariat, grande question du moment. Simon n'avait pas eu de mal à me faire admettre au Portique par ce vieil anarchiste de gauche, qui se saoulait tous les soirs avec la vieille gouvernante, Mademoiselle Mahé, qui ressemblait à la Vieille Dame de Babar. Juillet prêtait aux bons élèves, dont j'étais, une des «Pléiade» qui se côtoyaient derrière son bureau, les «Pléiade» de guerre, en faux cuir, où j'ai fait connaissance avec Montaigne et le journal d'André Gide.

Une nuit, qui m'a marqué pour la vie, Juillet a débarqué dans la chambre que je partageais avec un petit cousin pour me dire de m'habiller en vitesse et de sauter par la fenêtre du premier étage, qui donnait sur un auvent d'où je pouvais glisser dans la neige. En bas, j'entendais des hurlements en allemand qui me sont toujours restés dans les oreilles. Dans la nuit d'hiver, la neige rentrait dans mes chaussures que je n'avais pas eu le temps de lacer. Je me suis souvenu d'une adresse que mon frère Simon – toujours lui – m'avait donnée «en cas de pépin» : la «Conversariat», une ferme un peu plus haut dans la montagne, tenue par les maquisards. J'y suis resté deux ou trois jours, dans la grange, où le fermier venait violer sa fille non loin de moi. Il ne décolérait pas contre les résistants qui occupaient sa ferme ; pour lui, le monde se divisait en deux, « ceux qui se câchent et ceux qui chêrchent ». « On » m'a dit alors que « je pouvais rentrer ». Juillet m'a accueilli par la porte de derrière, m'a dit de prendre mes affaires et mes skis, et de rejoindre ma mère et ma sœur, qui avaient trouvé refuge à Méaudre, à quelques kilomètres de là, au premier étage de la maison du maire, M. et Mme Audemar.

Ce séjour de ma mère et de ses enfants dans la famille Audemar, de novembre 1943 à septembre 1944, nous a tous marqués, eux et nous.

Qu'est-ce qui a poussé le maire d'un petit village du Vercors à accueillir chez lui cette famille de réfugiés parisiens qu'ils savaient être juifs ? Il devait être conscient des risques qu'il prenait pour lui-même, sa femme et leurs trois enfants, deux filles et un garçon qui s'occupaient de la ferme accolée à l'arrière de la maison, laquelle était à un kilomètre du village de Méaudre. Madame Audemar, dans un entretien qu'elle a accordé après la guerre à un journaliste grenoblois, n'a fait argument que de la compassion initiale pour une famille menacée, puis de la sympathie personnelle qu'elle a éprouvée pour nous. C'est possible, cependant peu probable. Une autre version voulait que le maire, M. Audemar, ancien combattant de la guerre de 14, se soit beaucoup compromis au début avec le Maréchal et qu'il ait cherché en cette année 1943, où le sort paraissait basculer, à se racheter aux yeux des villageois, dont beaucoup lui avaient reproché son attitude.

Sa conscience de soldat et d'officier lui a joué un tour tragique. À l'arrivée des Allemands dans le village, fin juillet, l'officier supérieur allemand – «un homme très bien», disait Madame Audemar dans son entretien – était venu négocier avec le maire le retour des maquisards au village en échange de la promesse qu'on se contenterait de les enregistrer à la mairie, sinon des représailles auraient lieu contre leurs familles.

M. Audemar a donc pris son bâton de pèlerin pour aller de forêt en forêt demander aux garçons de revenir au village. Ce que la plupart ont fait. Les Allemands ont commencé par les garder dans la cour de la mairie plusieurs jours, «les enregistrements», disaient-ils, exigeant des vérifications. Je revois leur groupe, très inquiet, derrière les grilles. Puis, à la fureur du maire qui s'est senti trahi, des camions les ont descendus à Grenoble. Ils n'en sont jamais revenus.

Après la libération de la ville, on a appris que les Allemands les avaient fait remonter dans les camions pour les faire descendre un à un au camp militaire de Grenoble, le «polygone», et les matraquer à mort avant de les enterrer, parfois encore vivants. Les familles descendues de Méaudre pour reconnaître les leurs et récupérer leurs corps nous ont dit que plusieurs avaient les doigts rongés d'avoir gratté la terre dont on les avait recouverts. Je revois M. Audemar apprenant cette nouvelle, brisé, à genoux, en larmes.

Il y avait eu une période de quelques semaines entre juin et juillet 1944 où, sur un message codé de Radio Londres, « Le chamois des Alpes bondit », le Vercors s'était déclaré territoire libéré. La République était proclamée et un étrange gouvernement provisoire s'était établi. Pour nous, c'était la joie, nous n'étions plus menacés comme Juifs, mais comme les autres, avec les autres. On attendait, sur un aérodrome de fortune, dans la plaine entre Méaudre et Autrans, des parachutages d'armes et de troupes aéroportées. Une liesse s'était emparée du plateau. Elle fut de courte durée. Les troupes allemandes de montagnards et quatre cents parachutistes SS ayant forcé le Vercors en deux ou trois jours, du 21 au 23 juillet, les atrocités ont commencé.

Beaucoup a été écrit sur le « mystère » du Vercors, sur la « trahison » dont il aurait été victime de la part de Londres et des Alliés. Pour quelle raison et par qui l'ordre de mobilisation a-t-il été donné si tôt au Vercors, au moment du débarquement en Normandie, alors qu'il aurait dû l'être au moment du débarquement dans le Midi ? Quantité d'hypothèses contradictoires ont été formulées : depuis la volonté de faire liquider les maquis FTP peuplés d'ouvriers communistes montés des usines du sud du Vercors jusqu'aux rivalités internes au BCRA (les services de renseignement de Londres), en passant par de simples erreurs de transmission. Une grande part d'inconnu demeure dans cette tragédie.

À titre personnel, j'ai eu le sentiment que les Allemands étaient plusieurs fois venus et repartis. Des commandos, puis l'armée. Les plus violents étaient des Ukrainiens de l'armée Vlassov, mobilisés ou engagés dans l'armée allemande. Le poignard dans la botte, ils le sortaient allègrement pour assassiner les paysans. Puis, comme troupe d'occupation, ce furent plutôt de gentils garçons de seize à dix-huit ans, qui flottaient dans leurs uniformes trop grands et aidaient les fermières à pousser le cochon.

On m'avait un jour demandé d'aller porter un message à mon frère Jean encore dans les bois. Sur la route, j'ai aperçu le barrage qui allait m'arrêter. Je me suis empressé de mâcher et d'avaler le message et suis arrivé en tremblant devant le jeune Allemand qui s'est contenté de fouiller mes poches, confisquer mon couteau Opinel et me renvoyer chez moi.

Je revois Simon revenir un matin, sac au dos, maigri, les traits durcis, par le chemin de la forêt, derrière la ferme. Il sortait de six jours enfermé dans la grotte des Fées où s'étaient réfugiés Goderville, pseudonyme de Jean Prévost – un écrivain alors bien connu –, et ses compagnons lors de la dispersion générale. Goderville avait révélé à Simon sa véritable identité, ce qui leur avait permis des conversations littéraires et intellectuelles. Avant l'épuisement total, ils avaient fait une tentative de sortie et de descente sur Grenoble où tous allaient être tués. Par chance, Simon s'était séparé d'eux pour venir voir l'état de sa famille. Ma mère l'avait retenu et le père Audemar avait eu le courage de le cacher, avec Jean déjà revenu, dans une chambre à deux lits près de son grenier.

Je me souviens l'après-midi d'avoir été, avec ma mère, faire des courses au village. Sur le retour, nous avons vu une colonne allemande sortir du défilé qui menait de Villard-de-Lans à Méaudre, et s'arrêter sur la route, en face de la maison du maire, à un kilomètre du village.

Je n'ai donc pas directement assisté à la scène qui aurait pu tourner au tragique et qui a tant marqué ma sœur Jacqueline.

Les Allemands se sont mis à tirer sur la colline qui montait de la ferme à la forêt. J'ai attiré ma mère dans le fossé. Le père Audemar a rappelé Simon et Jean qui s'apprêtaient à foncer vers la forêt et les a cachés dans sa grange, entre le foin et la paroi. Jacqueline a eu la présence d'esprit – elle avait quatorze ans – de s'emparer des vêtements qui traînaient dans la chambre des garçons pour les jeter dans le poêle et, sur l'ordre d'Audemar, de rester confinée dans la cuisine, en faisant semblant d'éplucher les pommes de terre. Les Allemands ont envahi la maison, fouillé partout, réclamant les hommes cachés. Puis, dans la ferme derrière la maison, ils ont cherché les garçons en plantant plusieurs fois la fourche dans le foin. Ne trouvant rien, ils ont fini par repartir et Audemar a dégagé Simon et Jean, livides et tremblants.

Tout le monde a eu du mal à s'en remettre. J'ai si souvent entendu raconter cette scène que je crois encore la voir et peux la dater : le 14 août 1944.

Pendant toute cette période de tourments, à quoi m'occupais-je ? Je me souviens d'avoir lu les *Lettres à un jeune poète* de Rilke et tenu un journal où je consignais les informations de Radio Londres, les départs et retours du maquis des uns et des autres, les attentes de parachutage et autres détails compromettants. Quand Simon s'en est aperçu, il m'a sommé de déchirer le cahier. Je ne m'y suis pas résigné ; je l'ai enveloppé dans une toile cirée et enterré dans un bosquet où je ne l'ai jamais retrouvé.

Le visage et la personne d'une jeune femme dominent aussi pour moi ce moment du Vercors, Geneviève Gayet, dite Germaine, une des héroïnes de la Résistance. Elle devait avoir vingt ou vingt-deux ans, et comme agent de liaison de « Clément », chef civil du Vercors, était exposée à tous les dangers. Je l'ai crue l'amie de Simon. Non, elle l'était d'un de nos amis parisiens, entré dans le maquis comme jeune médecin, Jean Blum, avec qui elle devait se marier après la guerre et s'installer à Grenoble. Geneviève était robuste, vivante, et chaleureuse.

Un jour qu'elle descendait avec des camarades je ne sais lequel des défilés si nombreux du plateau, sa voiture s'est trouvée nez à nez avec une colonne allemande qui montait. Tous ses camarades essayèrent de s'échapper par la paroi rocheuse et furent tués. Elle se jeta dans le ravin pour tomber par miracle dans un bassin du torrent glacé et nager jusqu'à ce que la colonne soit passée. Elle s'en tira avec une sévère pneumonie. Un tel exploit l'avait consacrée.

Geneviève, que j'avais approchée par Simon, m'avait pris en amitié ; elle m'emmenait me promener dans les bois à ses moments perdus. La force et le calme que sa présence dégageait me faisaient sentir à quel point je vivais dans une anxiété permanente. Un jour je me suis jeté dans ses bras. Elle m'y accueillit avec la tendresse d'une grande sœur. Elle me promettait que tout cela finirait bientôt et que la vraie vie commencerait, pour elle comme pour moi. Elle me lisait des poèmes inédits d'Aragon, qui circulaient sous le manteau. Certains vers se sont tout de suite gravés dans ma mémoire :

Ah Paris, mon Paris

Lui qui sait des chansons et qui fait des colères
Qui n'a plus qu'aux lavoirs des drapeaux délavés

Métropole pareille à l'étoile polaire
Paris qui n'est Paris qu'arrachant ses pavés

Paris de mes malheurs, Paris du Cours-la-Reine
Paris des Blancs-Manteaux Paris de février
Du Faubourg Saint-Antoine aux coteaux de Suresnes
Paris plus déchirant qu'un cri de vitrier

Ce Paris auquel j'avais tant rêvé – les Allemands disparus, Grenoble libérée, et mon père venu nous embarquer dans un vieux gazogène –, j'allais en effet bientôt le retrouver.

MON HISTOIRE JUIVE

Ces années de guerre expliquent assez qu'au retour à Paris, quand s'est posée pour moi la question de la Bar Mitzvah, je me sois refusé à cette cérémonie, à laquelle mes deux frères s'étaient pliés sans problème.

À l'époque, ce rite de passage ne faisait que me rappeler les simagrées de mon enfance.

Mon rapport à la judéité proprement dite avait en effet commencé très jeune et d'une manière qui n'augurait pas bien de la suite : sur le pot. Ma mère avait demandé à la gouvernante – une merveilleuse Bretonne entrée chez nous à vingt et un ans et qui y est restée jusqu'à sa mort – de nous faire réciter, à ma sœur aînée, Jacqueline, et à moi, la prière du soir, le « Shema Israël », avant de nous lire dans nos lits un chapitre pour nous faire dormir. Michelle – c'était son nom – avait trouvé plus expéditif de nous la faire réciter sur le pot de chambre, et ma sœur et moi y allions gaiement : « *Shema*

Israël, adonay elohénou adonay e'had. » C'était même devenu un réflexe conditionné.

Un soir, mon père a poussé la porte pour nous trouver en plein travail. Il nous a demandé ce que nous récitions et ce que cela voulait dire. Devant notre ignorance, il a demandé d'une voix glaciale que cesse cette comédie. On en est restés là.

Une autre comédie recommençait les soirs de fête. Ma mère invitait pour Rosh Hachana, le Nouvel An juif, ses deux sœurs et leurs maris. Et je me souviens de mes deux oncles, fixant sur leur tête leurs mouchoirs noués aux quatre coins, riant l'un de l'autre et réclamant à ma mère, lors du rituel de la pomme trempée dans du miel pour se souhaiter une bonne année : «Julie, c'est délicieux ce truc-là, redonne-m'en encore.»

Tout cela n'était pas très engageant.

Mon père m'a laissé libre de ma décision, tout en me demandant de ne la prendre qu'après avoir vu un rabbin à qui il avait demandé de me recevoir. Je me suis rendu compte après coup que ce rabbin n'était autre que Jacob Kaplan, le grand rabbin de France. Est-ce sa faute? Est-ce la mienne? Ses discours m'ont paru des enfantillages, et il n'a fait que me confirmer dans ma détermination.

Je la regrette évidemment aujourd'hui. Je comprends quelle victoire sur le sort aurait représenté pour mes parents, surtout ma mère, au sortir de la guerre où le noyau familial se retrouvait par miracle vivant, la Bar

Mitzvah du plus jeune de la famille. Le symbole même de la survie.

Cet événement a cependant marqué une date pour moi. Un geste d'indépendance, le sentiment d'échapper à la tradition, aux conditions de l'environnement, et de devoir penser et décider par moi-même. Le refus de la Bar Mitzvah aura marqué ce qu'elle doit être, mon entrée dans l'adolescence.

Au même moment, ou peu après, un autre événement est intervenu autour de la table à manger bourgeoise de la rue La Boétie. Mon père s'était vu confier, à l'hôpital Rothschild, des photos que les premiers reporters avaient rapportées de la libération des camps, avant de venir eux-mêmes, contaminés par le typhus, mourir à l'hôpital. Il avait, paraît-il, longuement hésité à les faire voir aux plus jeunes ; il s'y est cependant résolu. Ce sont les photos classiques qui ont fait depuis le tour du monde. Devant ces fantômes grimaçants accrochés aux barbelés, ces monceaux de lunettes, ces restes de chambres à gaz et ces bouches de fours crématoires, je me suis à demi évanoui. On ne savait pas encore que ces victimes étaient principalement des Juifs ; des hommes avaient fait cela à des hommes, à des femmes. Ces images sont entrées en moi comme des couteaux, et elles y sont restées pour toujours.

Ce fut certainement le début d'une crise, où sont remontés tous les souvenirs du Vercors, ma fuite éperdue dans la neige, le souvenir de ce garçon qu'on avait arrêté à notre place à la pension Georges. Brutalement, je ne pouvais plus supporter le retour à cette vie bourgeoise avec domestiques pour passer les plats, les sages classes du lycée Carnot, les compositions de français, et le gouffre qui me séparait des élèves qui avaient traversé la guerre sans s'en apercevoir. J'ai fait mon sac et j'ai fui pour retourner au Portique, où ce vieux philosophe de Juillet, dans un pensionnat presque désert, m'a tenu sur la vie, sur moi-même, des propos plus efficaces et plus sages que le grand rabbin Kaplan. Il m'a fait comprendre pourquoi la véritable épreuve avait été le choc du retour à la vie normale, plus que celles traversées de neuf à treize ans et qui, elles, se succédant l'une l'autre, m'avaient paru presque « normales ».

Rien d'étonnant à ce que mon meilleur ami, en troisième, au lycée Carnot, ait été Pierre Vidal-Naquet, mon aîné d'une classe et d'une année. Nous étions tous les deux enfants de la guerre, bien qu'elle se soit soldée pour chacun de manière radicalement différente : pour moi une tribu familiale miraculeusement épargnée, pour lui des parents déportés, une « brisure », comme il a sous-titré le premier volume de ses *Mémoires* ; une brisure qui a pesé sur sa vie entière. Chose qui peut paraître curieuse, de cette tragédie je ne me souviens pas que nous ayons parlé. En revanche, nous avons communié en littérature, nous nous sommes raccompagnés tous les jours l'un chez l'autre, à la sortie des classes. Il habitait à l'époque près de l'avenue de Wagram et moi rue La Boétie. Ma mère me répétait, quand je me plaignais un peu de le sentir trop présent : « Sois gentil avec lui, il n'a pas eu ta chance. »

Pierre est devenu un intime de la famille, dont chacun des membres devait le fasciner, mon père, ma mère, mes frères Simon et Jean et ma « ravissante » sœur Jacqueline qui, j'en suis sûr, a joué dans son imagination amoureuse un rôle plus déterminant qu'il n'y paraît. Il a raconté avec humour, dans ses *Mémoires*, les repas présidés avec majesté par mon père et sa stupéfaction à entendre les gros mots fuser entre les garçons, « con », « couillon », « merdeux ». Que n'a-t-il relaté d'autres moments où mon père, ce chirurgien urologue, décrochant le téléphone, commentait, tout en mangeant, ses visites hospitalières du matin : « J'ai tâté la verge, elle était turgescente, purulente, etc. »

Dans ses *Mémoires*, Pierre a consacré de longues pages à une petite revue que nous avions fondée ensemble en 1948, *Imprudence*, et qui n'eut que trois numéros. Je n'en garde pas un souvenir aussi intense que lui, mais j'en retiens surtout le sentiment commun d'un « après-guerre » à affronter et le choc de l'Holocauste, que montre par exemple cette phrase un peu maladroitement tournée de l'éditorial qu'il m'était revenu d'écrire pour le premier numéro : « Nous avons été élevés dans le souvenir des valeurs d'avant guerre et dans la tradition des bienveillances réciproques dont l'on voudrait pouvoir défendre les restes avec acharnement, tandis qu'Auschwitz en sonne le glas, et que l'histoire nous en révèle l'agonie à coups de matraque et de four crématoire. » Pierre dit avoir vécu cette époque avec moi « dans la tension et la passion ». Ces deux mots caractérisaient bien, et plus encore qu'il ne le croyait sans doute à l'époque, ces rapports de frères ennemis, ce compagnonnage vital de chien et chat, cette succession de brouilles et de raccommodages que Pierre a eu le don d'entretenir avec beaucoup, mais particulièrement avec moi, toute sa vie. Un autre trait devait quelques années plus tard nous réunir : l'échec à l'École normale, aussi cuisant pour l'un que pour l'autre, et qui a sans doute déterminé, pour chacun, l'orientation de son existence.

Nous voilà loin du judaïsme, et j'en suis resté à l'écart, au point même que la création de l'État d'Israël en 1948 m'a moins occupé que Paul Valéry et René Char, la poésie, mes premières amours, mes échecs à l'École normale, l'agrégation d'histoire. Il y avait bien aux portes de l'appartement des *mezouzah* – petits objets de culte fixés au chambranle des maisons juives –, mais j'ai été très long à m'en apercevoir. Les jours anniversaires de la mort de ses parents, ma mère allumait des veilleuses et allait à la synagogue de la rue de la Victoire, mais c'était en quelque sorte son domaine privé.

Je ne suis jamais allé à Auschwitz, non par indifférence mais par crainte de me laisser engloutir par ce trou noir ; je sentais que si j'y plongeais, je ne saurais pas en remonter. L'expérience me semblait inintégrable à la vie. Les lectures au contraire entraient dans mon patrimoine naturel.

Il a bien fallu cependant qu'un sourd travail s'opère pour qu'un beau jour, le matin du 5 juin 1967, au retour d'un week-end à la campagne chez ma sœur, entendant à la radio qu'Israël était attaqué, je passe chez moi prendre un petit bagage et me retrouve à faire la queue devant l'ambassade d'Israël afin, comme d'autres, de m'engager. Le fantasme d'un second holocauste était insupportable.

Je suis parti le lendemain de la victoire, le 11 juin, avec François Furet et Daniel Defert, le compagnon de Michel Foucault. Ce séjour d'une semaine intense m'a passionné. Jean Daniel nous avait fait des certificats d'envoyés spéciaux du *Nouvel Observateur*. Ils nous ont ouvert toutes les portes, à commencer par celle de Shimon Peres qui nous en a lui-même ouvert d'autres. C'est ainsi qu'une virée aux frontières du Sinaï nous a permis d'assister à un point de presse militaire par un colonel. Nous lui avons demandé comment il voyait la suite.

Il a d'abord refusé de répondre, puis, devant notre insistance, il a enlevé sa veste et son béret pour nous dire : « Je ne vous parle pas ici en militaire, mais en citoyen. Si dans six mois nous sommes encore ici, comme en Cisjordanie, Israël est foutu. » Je n'ai jamais oublié cette scène qui, au-delà de la vérité du propos, signalait, de la part d'un militaire haut gradé, une surprenante indépendance d'esprit.

Deux ou trois choses m'ont tout de suite frappé, et séduit. D'abord que tout le monde soit juif, les policiers, les prostituées, les buralistes et les caissières. C'était troublant. Ensuite et surtout que personne ne se confonde avec sa fonction sociale, son métier. Un chauffeur de taxi pouvait vous dire : « Si vous êtes là pour huit jours, ne manquez pas le concert Beethoven à tel endroit », parce qu'autrefois il était lui-même musicien. Pas de lutte de classes, pas même de hiérarchies sociales, la plupart étaient des rescapés. Les kibboutz donnaient le sentiment d'une humanité presque idéale et fraternelle. Le vrai phalanstère fouriériste, moins l'antisémitisme de Fourier ! Et puis Israël éclatait de vitalité et venait de s'éprouver lui-même – revanche historique de l'éternel vaincu, retournement de son image traditionnelle. On ne voyait pas de religieux, mais des militaires qui ne ressemblaient pas à des militaires, des agriculteurs qui ne ressemblaient pas à des paysans.

Et puis, l'intérêt prodigieux de cette expérience

historique sans précédent sautait aux yeux – la renaissance d'une langue unificatrice, la création d'une nation. Tous les problèmes qu'un historien ou un sociologue pouvaient se poser étaient là, comme concentrés sur un mouchoir de poche. Ce n'est que plus tard qu'on a saisi l'*hubris* de cette période : rétrospectivement, quand on a connu la vérité des choses, la guerre des Six Jours est apparue comme un tournant d'Israël. Sur le moment, une explosion de joie historique, et pour moi une anticipation enivrante de mai 68. Un grand espoir de solution du conflit israélo-palestinien m'a habité, comme tant d'autres, jusqu'à l'échec des accords d'Oslo ; un espoir qui, depuis, s'est retourné en désespoir.

Cette présence/absence du judaïsme avait été portée, tout au long des années soixante, par deux mouvements historiques de grande ampleur dont les élans devaient se poursuivre et s'accentuer dans les années soixante-dix et quatre-vingt : d'une part l'irruption du génocide dans l'espace public à partir du procès Eichmann (1961) ; d'autre part le renforcement de la mémoire de l'Occupation, la mise en cause jusqu'à l'obsession de la politique antisémite de Vichy et donc sa responsabilité directe et indirecte dans l'extermination des Juifs.

Un autre facteur a joué dans mon propre type d'identification. Le retour des Français d'Algérie et, parmi eux, des Juifs. J'avais été sensibilisé à leur psychologie très particulière par mon séjour en Algérie de 1958 à 1960. Pour la première fois, j'avais vu une « communauté juive » en tant que telle, dont l'arrivée en « métropole » allait à terme profondément modifier la forme de la présence juive en France.

À la réflexion, je m'aperçois que plusieurs amitiés peuvent me servir de repères pour éclairer à l'époque ma proximité avec l'histoire juive, récente et plus ancienne.

Dès 1961, par exemple, à mon retour d'Algérie, j'ai écrit dans *France Observateur* un long compte rendu du second volume de Léon Poliakov sur l'*Histoire de l'antisémitisme, De Mahomet aux Marranes*. Cet article avait marqué le début d'une profonde amitié. Pour lui, j'étais un cadet qui lui ouvrait les portes d'un monde parisien, puis éditorial, qui le sortait du milieu où il était resté enfermé. Pour moi, il était, avec son charme et son accent de vieux juif russe, un pionnier de l'histoire de l'extermination par le *Bréviaire de la haine*. Il était aussi le cofondateur, à Grenoble, avec Isaac Schneersohn, de ce qui allait devenir le Centre de documentation juive contemporaine, ancêtre du Mémorial de la Shoah. Il devait, trois ans plus tard, présenter dans la collection « Archives » un *Auschwitz*, titre qui, dans sa brièveté, contribua à l'époque à fixer l'expression comme symbole du génocide.

À cette époque, nous avons souvent travaillé ensemble. C'est à lui que je dois la connaissance de

Norman Cohn, l'auteur des *Fanatiques de l'Apocalypse*, ce livre passionnant sur les courants millénaristes révolutionnaires du XIe au XVIe siècle, qui venait de paraître. Je lui ai proposé d'écrire un livre sur l'histoire du mythe des *Protocoles des sages de Sion*, dont j'ai travaillé la traduction avec Léon Poliakov et que j'ai publié à mes débuts chez Gallimard[1].

Nous avions eu un différend sur le livre de Hannah Arendt *Eichmann in Jerusalem* que j'avais l'intention, dès mon arrivée chez Gallimard, de faire traduire. Poliakov y était très hostile, déclarant ce livre «ignoble». J'ai passé outre ses conseils et même plus : tout le monde ayant refusé d'en faire la préface, Saul Friedländer, Vladimir Jankélévitch, Raymond Aron, j'ai écrit moi-même un avertissement d'éditeur qui expliquait le contexte de la parution[2]. S'ensuivit entre l'auteur et moi une polémique qui n'a pas manqué d'intérêt. Hannah Arendt m'a reproché d'avoir préempté la lecture de son livre par l'exposé des critiques qui lui avaient été faites. J'estimais impossible de publier son livre en France sans l'entourer des réactions qu'il avait provoquées partout ailleurs. Cela me paraissait faire partie de l'intérêt du livre.

1. Norman Cohn, *Histoire d'un mythe. La «conspiration» juive et les protocoles des sages de Sion*, Gallimard, 1967.

2. Cf. «Hannah Arendt, du bon usage de la provocation», dans *Historien public*, Gallimard, 2011, p. 159-163.

Poliakov est de ceux qui m'ont fait comprendre, après *Le Dernier des Justes* de Schwarz-Bart et *Genèse de l'antisémitisme* de Jules Isaac, la profondeur des racines chrétiennes de l'antisémitisme.

Un autre homme a beaucoup compté pour moi à cette époque, Georges Friedmann. L'auteur m'était sympathique. Sociologue du travail, il avait été à la fois l'un des premiers intellectuels français gagnés au marxisme, et l'un des tout premiers, avant guerre, à dénoncer le communisme stalinien dans un livre mémorable, *De la Sainte Russie à l'URSS* (1938).

J'étais tombé un peu par hasard, en entrant chez Gallimard, en 1965, sur *Fin du peuple juif?* qui m'avait profondément troublé et dont mon compte rendu, toujours dans le *Nouvel Observateur*, avait beaucoup plu à l'auteur. La thèse de l'israélisation des Juifs dans ce petit coin de Palestine ouvrait, à la périphérie de ce qui était devenu le foyer du judaïsme mondial, la voie de l'assimilation intégrale. J'avais bien tort sur le fond, mais le texte que j'ai prononcé à l'époque, entraîné par Friedmann au colloque des «intellectuels juifs de langue française» (un intitulé qui me révulsait!), et qui a paru plus tard sous le titre *Israël dans la conscience juive*, fait assez bien le tour de mon état de conscience personnelle[1].

1. *Israël dans la conscience juive*, actes des «VIIe et IXe colloques des intellectuels juifs de langue française», 24 et 25 octobre 1965,

Il y avait un lien entre Poliakov et Friedmann, qui ne se connaissaient pas : leur profonde humanité assortie d'un humour désabusé.

J'en dirais peut-être autant d'un « troisième homme » que je fréquentais beaucoup à l'époque, Claude Lanzmann. Il n'était pas encore cet Himalaya d'egolâtrie que *Shoah* a fait de lui, mais il sortait du communisme sartrien pour affirmer avec la même véhémence sa conscience juive, travaillait au numéro spécial des *Temps modernes* sur le conflit israélo-arabe, qui a fait tant de bruit. Son caractère entier était déjà là, son moi impérieux aussi, mais accompagné d'une subtilité psychologique intense et, chez lui comme chez les deux autres, d'une chaleur humaine qui confinait à la tendresse.

Israël le travaillait, ce qui a abouti quelques années plus tard à ce premier film de lui que j'ai adoré, *Pourquoi Israël*. François Furet s'était engagé à en faire le compte rendu pour notre hebdomadaire favori. Pressé par le temps, ou n'y arrivant pas, il m'a laissé le faire, tout en signant de son nom. C'étaient des procédés dont, à l'époque, notre amitié ne s'offusquait nullement. Claude a trouvé dans cet article une empathie et une compréhension toutes particulières.

Il est clair que le Juif profondément assimilé et déjudaïsé que j'étais restait juif par une

---

PUF, 1971. Cf. « Le dialogue Israël-Diaspora », dans *Historien public*, *op. cit.*, p. 147-152.

connaissance d'historien, par le poids de Vichy et de ce que Lanzmann n'avait pas encore nommé la Shoah, par le sentiment d'un héritage et par une évidente proximité existentielle.

Après plusieurs voyages en Israël et beaucoup d'articles dans la presse, j'étais devenu le jeune espoir représentatif de la communauté naissante jusqu'à ce que le pendule, qui s'était un moment arrêté sur ma tête, se déplace pour se fixer sur celle de jeunes plus engagés et beaucoup plus représentatifs de la conscience contemporaine, Alain Finkielkraut et Bernard-Henri Lévy. J'en suis d'autant plus heureux que je n'ai jamais pu me reconnaître dans les institutions officielles de la communauté.

*

Pour prendre un peu de recul et de hauteur, il paraît évident que j'appartiens à une génération intermédiaire, une « génération creuse » comme disait Péguy, coincée entre deux générations pleines. Il y a eu, d'un côté, la dernière des générations du franco-judaïsme, celle de Marc Bloch et de Raymond Aron, d'Emmanuel Berl et de Georges Friedmann. Certains vont jusqu'à prétendre n'avoir découvert leur judéité qu'avec la guerre. Je l'ai connue, moi, dès l'enfance et la jeunesse, ce qui me distingue radicalement de ceux avec qui je partage cependant beaucoup.

Il y a eu, de l'autre côté, la génération de 68, dont près de vingt ans me séparent. Je n'ai donc pas partagé, tout en le sentant venir, tout en m'en sentant partiellement solidaire, le mouvement d'affirmation d'une positivité juive, d'une pensée juive, d'une fierté juive, qu'a éveillé le choc de la guerre des Six Jours et qu'a porté la génération de 68. Ce qui m'en a séparé n'est pas seulement l'âge, mais l'investissement philosophico-religieux que cet élan supposait. Pour comprendre le phénomène, il suffit de rapprocher trois livres, avec leurs dates : *Le Récit de la disparue* de Shmuel Trigano, 1977, *Le Testament de Dieu* de Bernard-Henri Lévy, 1979, *Le Juif imaginaire* d'Alain Finkielkraut, 1980. Chacun de ces livres exprime un aspect important de cette reconquête d'une positivité juive. Le premier, que j'ai publié, est un effort très neuf de réenracinement de la philosophie juive au cœur d'elle-même, en deçà de son acculturation occidentale, jusqu'à Maïmonide. L'ouvrage, le tout premier de Shmuel Trigano, avait été refusé par tous les éditeurs. J'avais senti dans ces pages comme une musique nouvelle, la requalification d'une tradition de pensée juive, essentiellement allemande, de Mendelssohn à Rosenzweig et Gershom Scholem, que la tradition de pensée occidentale de Spinoza à Hegel et Heidegger avait rejetée. Au troisième titre aussi je me sens lié, non seulement parce que c'était au départ un article pour *Le Débat* que je m'honore d'avoir refusé pour conseiller à son auteur d'en faire un livre, mais parce que l'affirmation d'un «bonheur juif» rompait brusquement avec la négativité doloriste habituelle. Quant au deuxième, malgré son emphase, son lyrisme et ses rapprochements contestables, il exprimait bien, dans sa volonté d'asseoir la tradition éthique de l'Occident sur l'Ancien Testament, le lien qui s'établissait alors entre la spiritualité juive et l'éthique.

Ce retour de pensée juive en France trouvait son apogée philosophique dans la consécration soudaine d'Emmanuel Levinas, dont les colloques annuels des «intellectuels juifs de langue française» s'ouvraient régulièrement à cette époque par une «leçon talmudique». J'y suis allé quelques fois, en restant extérieur à cette pensée. Sans doute parce que le véritable accès au religieux passe par l'apprentissage de l'hébreu, auquel certains ont eu le courage de s'attaquer, mais qui en a découragé beaucoup.

Pour le dire d'un mot, je sentais bien ce que le franco-judaïsme avait de dépassé, tout en mesurant en même temps ce qu'il avait d'historiquement enraciné. Et d'autre part, incapable de me livrer à un investissement philosophique sérieux comme à l'apprentissage de l'hébreu qui en était la condition, je me suis senti condamné au silence. Ou plutôt à la seule analyse historique de ces évolutions, telle que j'ai tenté de la pratiquer dans les *Recherches de la*

France, sous le titre «La France et les Juifs : destins mêlés».

On reproche aujourd'hui au Sartre des *Réflexions sur la question juive* de n'avoir rien vu de cette positivité juive, et d'avoir soutenu que le Juif n'existait que dans le regard de qui le faisait juif. Mais à l'époque c'était juste, et la réflexion sur l'histoire juive et sa signification n'existait que dans des milieux confinés.

Pour moi, le judaïsme est tout entier histoire. Ce n'est pas une religion, à la différence du christianisme; ce n'est pas non plus une culture, à la différence de l'islam. C'est une histoire. Une histoire grandiose qui a traversé les siècles. Elle a commencé avec l'invention de la Loi et la rédaction, elle-même historique, du plus beau livre de l'humanité. Elle a abouti de nos jours, sous nos yeux, à deux phénomènes monstres : la première et la seule tentative d'extermination industrielle d'un peuple; et la création au forceps d'un État-nation à la fois exaltant et, pour le meilleur comme pour le pire, sans équivalent. À cette histoire, comment n'aurais-je pas été fier que le sort m'ait rattaché?

Mais à quel titre? À quelle place?

*

Dans la biographie qu'il m'a consacrée, François Dosse propose une interprétation dont il fait le fil rouge de mes activités d'éditeur, d'historien, d'enseignant, d'écrivain. Il y voit l'émanation de ce qui serait ma double identité, juive et française. Son argument le plus troublant s'appuie sur le titre de mon introduction générale aux *Lieux de mémoire* : « Entre mémoire et histoire ». Dans ma préoccupation pour la mémoire, on pourrait lire l'incarnation d'une identité juive ; et dans la dimension historique, une manière de m'approprier l'identité française. L'expression « *entre* mémoire et histoire » exprimerait bien un effort de conciliation entre deux impératifs d'identité. Je n'y avais jamais pensé, et les voies qui m'ont conduit à cette entreprise sont d'ordre tout différent.

Quelque chose est venu pourtant m'ébranler : une séance aux Hautes Études en 2007, consacrée à l'essai de François Hartog sur Pierre Vidal-Naquet[1]. Dans cet ouvrage, Hartog pointe un moment, et même une date, 1984-1985, dont il fait la grande année de l'irruption mémorielle en France. Elle voit en effet en même temps la sortie du film de Lanzmann *Shoah*, du livre de Vidal-Naquet *Les Juifs, la mémoire et le présent*, et du premier volume des *Lieux de mémoire*. Hartog rapproche et lie ces trois événements, qui représenteraient chacun pour leur auteur l'expression d'un ressentiment pressant

1. François Hartog, *Vidal-Naquet, historien en personne*, La Découverte, 2007.

envers son passé. Après tout, Lanzmann avait un compte à régler avec la Pologne, à laquelle on lui a reproché de donner une place disproportionnée qui éclairait chez lui un point sensible. Vidal-Naquet avait un compte à régler avec l'Occupation, qui lui a arraché ses parents et donne à ses *Mémoires*, qu'il écrira bientôt, leur point de départ et leur impulsion. Pour ma part, j'ai eu la chance que mon petit noyau familial soit sorti indemne de la guerre, mais j'ai vécu, consciemment ou non, l'arrachement au monde douillet de la bourgeoisie d'autrefois pour vivre intensément une forme d'exclusion et une expérience tragique de l'histoire. Et du même coup, c'est avec la France tout entière, avec son histoire, que j'avais à me mettre à jour.

Cela m'a fait réfléchir. Ce n'est peut-être pas un hasard si j'ai été historien de la mémoire. Et si j'ai lu l'histoire entière de la France à travers cette grille. Il y a peut-être une raison inconsciente à avoir fait du « lieu de mémoire » un instrument d'objectivation, de distanciation, de défamiliarisation de ces « lieux » si divers.

Rien ne m'exaspère davantage que les déclarations d'amour à la France. Je ne comprends pas les affirmations tapageuses comme « J'aime la France », ou « Fier d'être français » – titre d'un des livres de mon ami Max Gallo. De tels propos supposent une distance. On n'aime que ce qui n'est pas soi. Pour ma part, si je m'autorise à être critique sur la France et sur les Français, c'est précisément parce qu'il n'y a nulle distance entre elle et moi. Je suis constitué français, ne parle hélas aucune autre langue et n'imagine pas vivre ailleurs. J'avais même pensé à conclure *Les Lieux de mémoire* par un article sur «L'amour de la France» qui traiterait le thème en lieu de mémoire. Par là, je ne voulais nullement signifier une indifférence à la France, ni une exaltation nationaliste, mais le mélange d'implication personnelle et de volonté de détachement en quoi consiste cette notion.

Certains y ont vu un chant d'amour à la France. Le premier volume ayant paru en 1984, l'année de la percée de Le Pen aux élections européennes, cet attachement à l'histoire nationale a pu sembler faire écho à un nationalisme d'extrême droite. Certains y ont vu, au contraire, un «tombeau» pour la France, une manière d'éloge funèbre, de célébration d'une France qui n'est plus. Les deux interprétations sont possibles, mais je n'ai voulu ni l'une ni l'autre. Au départ, c'était une forme d'histoire expérimentale, à la fin, une ambition de renouveler une grande tradition, un genre, l'histoire-de-France. Bien des amis proches n'ont pas compris que je m'enferme pendant plus de dix ans dans une pareille entreprise, dont l'originalité leur échappait, et où ils ne voyaient qu'une manière de ne pas écrire les livres personnels que j'aurais dû.

Je reconnais qu'il y a dans cet acharnement un

mystère, et que le mystère s'appelle la France, ou plutôt mon rapport à la France. J'ai eu beau m'abriter derrière une phrase de Paul Veyne, que j'ai cent fois répétée : « Il ne faut pas s'intéresser à l'histoire de la France parce qu'on est français, mais parce qu'elle est intéressante. » J'ai eu beau penser que je me suis consacré à cette histoire parce que c'était mon seul sujet possible, ne connaissant pas d'autre langue, ni d'autre histoire. Il est évident que j'ai eu avec mon sujet un rapport qui n'était pas seulement d'intérêt intellectuel ou professionnel, mais un rapport existentiel. Je veux bien admettre que ce rapport s'est noué dans une adolescence précoce, pendant l'Occupation, dans le passage brutal d'une enfance bourgeoise et douillette au Cours Hattemer à un monde de violence, de division, d'exclusion, de malheur et de tragédie. Il s'est peut-être noué dans ce laboratoire inconscient un mélange de francité et de judéité dont est sortie cette étrange obstination qui a nourri mon attachement à la France.

La spécificité de ce lien, je me la suis mieux expliquée plus tard, par contraste avec les effets qu'avait eus sur l'existence juive traditionnelle le retour des Juifs d'Afrique du Nord, et spécialement d'Algérie.

Tout français qu'ils soient, se sentent et veulent être, il est normal qu'ils gardent dans la mémoire et dans le sang la forte rancœur d'avoir été deux fois abandonnés par la France, une première fois comme Juifs par Vichy, une seconde en tant que

Français d'Algérie par de Gaulle. Si vieilles soient ces blessures, elles n'ont jamais été complètement cicatrisées ; et elles sont restées d'autant plus sensibles que l'adoption globale des Juifs d'Algérie par la France, en 1870, aux termes du décret Crémieux en avait fait, par contraste avec les musulmans, des Français plus français que nature.

Le fond du rapport juif à la France s'est renversé. Une faille, une revendication, un ressentiment, là où il n'y avait que volonté d'adoption. Il est remarquable, on l'a souvent souligné, que même les lois antisémites de Vichy et la persécution des Juifs n'aient pas altéré leur attachement à la France. Le ressentiment juif à l'égard de la France date du retour des Juifs d'Algérie. Je fais partie de la dernière génération de Juifs qui ne se sentaient vis-à-vis de la France qu'un devoir – celui de faire plus et mieux que les autres.

Que *Les Lieux de mémoire* portent alors la marque d'un historien qui fait partie du peuple de la mémoire et se met à jour avec la France, c'est plus que possible, c'est certain.

Cette conviction trouve son évidence, et sa garantie, dans ma rencontre de cœur et d'esprit avec Yosef Hayim Yerushalmi, spécialiste israélo-américain du monde séfarade et des marranes, le plus grand historien contemporain du judaïsme.

Nous nous sommes connus lors d'un colloque

à Royaumont, en 1987, sur «les usages de l'oubli». J'ai été saisi par sa voix caverneuse et solennelle, l'intensité de son regard, la force de sa présence. Et saisi davantage encore de l'entendre affirmer la proximité de sa démarche avec la mienne. J'avais découvert *Zakhor. Histoire juive et mémoire juive* dans la belle traduction d'Éric Vigne, en 1984, l'année de la parution du premier volume des *Lieux de mémoire*, frappé par le sujet – les rapports de l'histoire et de la mémoire juives – et par la thèse : ce peuple de la mémoire, non pas de la mémoire-souvenir mais de la mémoire-tradition, n'avait eu le souci de son histoire, dont il était pétri, qu'au moment de son émancipation. C'est-à-dire quand, mêlé aux sociétés d'accueil, il avait pris conscience de lui-même comme histoire.

Pour schématiser le processus, disons que les Juifs avaient pris conscience de leur histoire quand ils avaient cessé d'être une mémoire; et que les Français étaient «tombés» en mémoire en cessant d'être une histoire. C'était donc le processus inverse qui m'avait frappé pour la nation, spécialement la nation française, mais un processus de même nature.

Yerushalmi, dans un entretien au *Nouvel Observateur*, avait dit qu'en découvrant, à son arrivée à Paris, en 1985, l'introduction générale aux *Lieux de mémoire* qui venaient de paraître, il avait eu «un choc». Nous étions sur les deux pentes d'un même toit, lui sur le versant juif, moi sur le versant national. En être arrivés là supposait sans doute un même type de sensibilité, la même intimité surtout et la même distance, lui à l'égard de l'histoire juive, moi vis-à-vis de l'histoire nationale. Rien d'étonnant à ce que nous nous soyons tombés dans les bras.

J'ajoute que cet homme, qui n'avait pas vécu en France, avait un sens aigu des nuances de la langue, il en parlait plusieurs, hébreu, allemand, anglais, italien, espagnol ; et devant sa culture française, je me demandais s'il avait la même proximité avec les cultures de toutes les langues dont il était familier.

Yerushalmi est de ceux qui m'ont aidé à légitimer ma confusion entre une conscience juive et une conscience française. Dans un des séminaires que nous avions animés ensemble, j'avais développé l'idée que les grands moments de la définition identitaire de la France – la Révolution, l'affirmation de la République à travers l'affaire Dreyfus, Vichy – avaient été en même temps les dates-clés du destin juif dans le monde moderne. L'émancipation, que la France a été le premier pays à décider, a été déterminante dans la définition même de la citoyenneté à la française. L'affaire Dreyfus, elle, a été un tournant pour la France qui a précipité à travers cette crise son enracinement républicain ; et un tournant pour les Juifs, avec la naissance du sionisme politique. Quant à Vichy, l'épisode se trouve à l'articulation de deux mouvements de lourde portée : l'un où l'exclusion s'oppose à l'intégration, et qui marque un règlement de comptes franco-français avec la Révolution; l'autre où, par l'occupation nazie, l'exclusion a débouché sur l'extermination, ce qui finira par mener au « crime contre l'humanité ».

Chacune de ces dates a été, à sa manière et non sans crises et souffrances, une étape supplémentaire dans l'insertion nationale des Juifs. L'émancipation a permis une extraordinaire promotion sociale, intellectuelle et politique des Juifs dans la vie de la nation. L'Affaire a inscrit la défense des Juifs dans le programme de la gauche, et noué – jusqu'à nos jours – un lien profond entre la République et les Juifs. La défaite de la « Révolution nationale » a inscrit dans la société tout entière une disqualification de l'antisémitisme d'État.

Dans cette implication réciproque, il s'est noué quelque chose d'essentiel, un mélange du destin national et du destin juif, dont je me sens modestement, comme historien et comme citoyen, l'héritier.

Si bien que s'il fallait, en définitive, caractériser d'un mot ce que représente pour moi la dimension juive de ma propre histoire, je serais tenté de dire, avec cette éternelle habitude de fuir une identification par une autre, et de n'être nulle part où l'on m'attend : rien et tout; tout et rien.

LA CELLULE SOUCHE

C'est après guerre qu'a commencé à se former la nébuleuse autour de la famille.

Une famille, je l'ai dit, sortie indemne du chaos et dont chaque membre avait de quoi séduire : mon père, resté toute la guerre à Paris, chef de service à l'hôpital Rothschild, et sa femme, effacée, mais chaleureuse et accueillante ; les deux aînés beaux comme des dieux auréolés du nom magique du Vercors, vite devenu le symbole de la Résistance ; à quoi s'ajoutaient les deux derniers, ma sœur Jacqueline, une ravissante fille de dix-sept ans, et moi en adolescent précoce que son frère aîné, qui lui avait servi de père pendant la guerre, n'arrêtait pas de mettre en avant.

Simon a été très vite le centre de la dynamique familiale de la rue La Boétie, par sa décision de préparer l'inspection des finances. Scène historique : mon père amenant son fils au président de l'Inspection générale des finances qui passait jusque-là pour ne pas recevoir de Juifs, afin de lui demander s'il n'y avait pas d'obstacles à une telle candidature. «Mais comment?» Juif, résistant, de gauche, réformiste, beau garçon, supérieurement intelligent, il était bon à prendre pour une société dont le centre de gravité s'était éloigné de la droite, défaite, et qui avait beaucoup à se faire pardonner. Je ne vois pas d'autres raisons pour que les rejetons de ces grandes familles, les Jacques de Chalendar, les Maurice d'Amécourt, tous promis à une belle carrière, se mettent à ne plus quitter la maison. Ils devaient y trouver une liberté de ton, une affection réciproque qu'ils n'avaient peut-être pas connues chez eux. Sans oublier une circulation constante de jeunes femmes attirées par la séduction naturelle de Simon et de Jean. Elles ajoutaient au charme familial et, moi, me rendaient fou de jalousie.

Puis il y eut, en 1947, le mariage de Simon avec Marie-Pierre de Cossé Brissac, qui avait tout pour défrayer la chronique. Elle avait dix-neuf ans quand Simon l'a rencontrée. Elle s'est jetée à son cou et lui, par snobisme au départ, s'est laissé faire. Et certainement aussi par attirance pour cette fille qui ressemblait à l'époque à Jeanne Moreau, brûlait de s'affranchir de sa famille et de son milieu, de faire des études d'histoire et de philo, et voyait en Simon son idéal d'homme. Au premier retour de la Cour des Hayes de Marie-Pierre, je revois encore mon père, la voiture prête et chargée, klaxonnant pour que descendent Simon et Marie-Pierre, et Simon, finalement, bras ballants devant la voiture, disant à mon père : « Elle ne veut pas descendre avant qu'on ne soit fiancés. »

Mon père était tout à fait hostile à ce mariage, persuadé que, parti sur un coup de tête et de cœur, il ne pouvait aboutir – entre deux milieux si différents – qu'à une catastrophe. Mais devant l'insistance des jeunes gens, il a cédé. En bon père de famille, il a pris sa canne et son chapeau pour aller, cours Albert-Ier, demander au duc la main de sa fille, et là, seconde scène légendaire. Pierre de Brissac le reçut très courtoisement, puis, l'entraînant dans la galerie des ancêtres, il commenta : « Ici c'est Timoléon de Brissac, vainqueur de la première croisade, là le chancelier Brissac qui, avec le chancelier Séguier, avait réussi à... », etc., pour arriver à son propre portrait, peint par Van Dongen en smoking avec un œillet à la boutonnière. Se tournant alors aimablement vers mon père, il lui déclara : « Vous voyez, docteur, je ne vois pas le portrait de votre fils après celui-là. » Et ajoutant cette phrase faussement ironique et vraiment blessante : « Le voudrais-je, ça ne passerait pas la rampe ! » Mon malheureux père n'a eu qu'à repartir, humilié.

Averti cependant de cette menace de mariage, le duc de Brissac s'est arrangé pour faire partir sa fille dans un sanatorium. Et là, en héros d'épopée romantique, Simon est allé l'enlever dans l'hiver et partir avec elle se marier à Méaudre, devant le maire qui nous avait hébergés de 1943 à 1944. Celui-ci avait reçu le matin même un télégramme du duc faisant appel à son honneur de Français et d'ancien combattant pour ne pas signer l'irréparable contrat, ce qu'il avait quand même fait. Les jeunes époux sont venus s'installer à la maison jusqu'à ce que mon père leur trouve un petit appartement rue Bonaparte, où se pressait le Tout-Paris intellectuel et politique autour de Mendès France. Marie-Pierre n'a plus revu sa famille pendant longtemps, deux enfants sont nés, Fabrice et Constance, mais le mariage a effectivement mal tourné après des rapports passionnels et tourmentés.

Le moment qui a fait connaître Simon a coïncidé en 1953 avec la création de *L'Express*, autour de Jean-Jacques Servan-Schreiber et Françoise Giroud, Pierre Viansson-Ponté, Jean Daniel. Simon en a tout de suite été la tête économique, l'inséparable du couple Jean-Jacques-Françoise. C'est là qu'il a rencontré, et bientôt épousé, Léone Georges-Picot, d'une famille cette fois très IIIe République. Une jeune femme élancée, douée d'une noblesse naturelle, fort belle, secrétaire et bientôt chef de cabinet de Mendès quand il est arrivé au pouvoir. Elle a élevé Fabrice comme son fils, Simon et

Marie-Pierre ayant fait le choix, discutable, de se partager les enfants.

C'est le moment où Simon a commencé à rayonner socialement. Les journaux faisaient sur lui des reportages. On racontait ses exploits du Vercors, les combats du pas de la Sambue, son refuge avec l'écrivain Jean Prévost, alias capitaine Goderville, dans la grotte des Fées, au-dessus de Saint-Agnan, leurs échanges intellectuels avant la tentative de descente sur Grenoble où Jean Prévost et ses compagnons devaient trouver la mort.

Il apparaissait comme la figure montante du mendésisme, promis à de hautes fonctions. Et Simon de son côté nourrissait ses propres ambitions que l'autorité et le prestige de Mendès France lui-même paraissaient encourager. Ce qu'il avait en commun avec Mendès était la conviction qu'un poste politique n'était intéressant que pour y être utile, accomplir une œuvre de réforme. Il avait beaucoup réfléchi, comme instructeur des maquis, à la France d'après-guerre, et était de ceux, à la Libération, qui avaient travaillé, autour de Claude Gruson et du SEEF (Service des études économiques et financières), à un vrai programme de réforme nationale. Il a contribué à la création d'une comptabilité nationale et à une planification à la française. Son esprit résistant se doublait d'une haute idée de la fonction publique. Sauver l'État, sauver la France se confondaient un peu dans son esprit, et c'était à cette mission qu'il se sentait appelé.

La période Mendès France est la seule où la réalité politique est venue coïncider avec ses ambitions naturelles. Après, il y eut des percées, des coups d'éclat comme les différents « rapports », dont le plus célèbre sur l'informatisation de la société, auquel il a associé le jeune Alain Minc ; il y eut, pour Chaban-Delmas, le discours sur la « nouvelle société » avec Jacques Delors ; il y eut la direction de l'ENA. Mais toutes ces réussites qui le mettaient en lumière n'étaient que la menue monnaie de plus hauts postes, de type ministériel, qui ne se sont jamais présentés. Pour une bonne raison : par un malheureux concours de circonstances, Simon n'a jamais été bien vu d'aucun des présidents successifs de la Ve République.

La première et seule rencontre avec le général de Gaulle, avant 1958, rue de Solférino, préparée par Olivier Guichard, a été un échec assez comique.

Simon s'y est rendu avec l'arrière-pensée d'être, en économie, le Malraux du Général. L'entrevue a mal commencé, le Général, debout derrière son bureau, restant silencieux et Simon balbutiant : « Mon général, vous m'avez convoqué... » Le Général : « Apprenez, Monsieur l'inspecteur des finances, que le général de Gaulle ne convoque personne, il reçoit qui le demande. » Défaite immédiate de Simon : « Il y a malentendu ; dans ces conditions, mon général, je ne veux pas abuser de votre temps, je me retire.» Et le Général de lui dire : «Puisque vous êtes là, Monsieur l'inspecteur des finances, causons!» Simon se lance alors dans le récit de sa génération résistante, de ses espoirs de réforme pour la France, et le Général à son tour entame le monologue devenu classique sur la lamentable histoire de France depuis 1870, sur les compromis des systèmes des partis, sur la fatalité du déclin, brisé de temps en temps par des volontés d'exception, mais voué à poursuivre sur cette pente désastreuse, etc. Simon, ne sachant pas trop quoi objecter, finit par dire : «Si c'est cela, notre avenir, mon général, il n'y a plus qu'à entrer à la Trappe.» Et de Gaulle, se levant pour mettre fin à l'entretien, lui sort cette phrase conclusive : «En ce qui me concerne, Monsieur l'inspecteur des finances, je n'y vois pas d'inconvénient.» Fin de partie.

Je crois que le Général savait la proximité de Simon avec Mendès. Cette proximité a conduit Simon à le suivre dans son refus de la manière dont de Gaulle était revenu au pouvoir et à s'exiler au Luxembourg pour présider la CECA (Communauté européenne du charbon et de l'acier).

L'hostilité présidentielle s'est poursuivie avec Pompidou, qui voyait d'un mauvais œil que son Premier ministre Jacques Chaban-Delmas soit allé repêcher un ancien mendésiste, flanqué de Jacques Delors, syndicaliste et socialiste, quand lui-même s'entourait de Pierre Juillet et Marie-France Garaud, tous deux très à droite et restés en service sous Jacques Chirac. Simon n'avait pas beaucoup d'avenir de ce côté-là et, de ce fait, a accepté le poste de directeur général de Hachette. Mais là encore, pas de chance : ce haut fonctionnaire dans l'âme n'était guère fait pour s'adapter aux mœurs de l'entreprise privée. Il y a cependant créé *Le Point* avec Olivier Chevrillon et Claude Imbert.

Deux ou trois ans après, voilà Giscard, à qui tout l'opposait, en particulier une vieille rivalité féminine. Giscard avait été fiancé à Léone, sa cousine, promis très jeunes l'un à l'autre. Léone affirmait que c'était Giscard qui avait rompu leurs fiançailles, mais celui-ci gardait le souvenir que Léone lui appartenait. Et quand elle avait été sur le point d'épouser Simon, Giscard était venu tenter de la dissuader : «Écoute, non, ce n'est pas possible, pas possible... Il n'est pas des nôtres.» Et de fait, dès qu'il est arrivé au pouvoir, le directeur de la Banque de Paris et des Pays-Bas, qui avait un lourd investissement chez Hachette et avait été un des gros contributeurs de la campagne de Giscard, a tout de suite compris qu'il ne devait pas garder Simon.

A commencé pour lui une longue traversée du désert, dont il n'est pas vraiment sorti avec Mitterrand, lequel voyait en lui un mendésiste qui n'était pas son genre. Alors que Jacques Delors s'est rallié au socialisme mitterrandien et à l'alliance avec les communistes, Simon a eu la dignité de ne pas aller à Canossa et de ne pas faire semblant d'être ce qu'il n'avait jamais été. Il est resté sur la touche, et ne l'a plus quittée politiquement, se contentant de la direction de l'ENA, pour finir à la direction de la banque Lehman Brothers, moins par intérêt pour la finance, qui lui était un domaine étranger, que pour laisser un héritage à ses cinq enfants.

Le prestige de Simon a été fait de ses échecs mêmes. Ils révèlent une indépendance d'esprit, une fidélité à ses convictions, une élévation morale, un courage personnel, une exigence intérieure qui le rendaient admirable et admiré. Un seigneur.

D'autant que sa vraie ambition n'était pas en définitive politique, mais intellectuelle. Les discussions au Portique de sa jeunesse ne l'avaient jamais quitté. Il s'était lancé après la guerre dans la rédaction d'un gros livre, rien de moins que *Le Capital* au XXe siècle. On en trouvera les traces en annexe du livre d'hommages qui lui a été consacré après sa mort[1]. Ces traces, faites de dossiers sur tous les aspects de l'économie, sont impressionnantes. Ce livre n'a jamais été terminé, hélas, mais il a nourri et armé son réformisme ; il a anticipé la pensée du club Jean-Moulin ; il a assuré sur les personnalités

1. *Simon Nora. Moderniser la France*, sous la direction de Robert Franck, Jean-Noël Jeanneney et Éric Roussel, CNRS Éditions, 2016.

de sa génération sa supériorité intellectuelle, son rayonnement personnel.

La marginalité politique et ces années très dures, très longues, d'exclusion de l'activité publique ont libéré chez lui un autre homme, qui s'est superposé, sans l'anéantir, à l'inspecteur des finances. Il y avait toujours eu en effet chez lui deux personnages, l'un très officiel et l'autre profondément rebelle à toutes les conventions. Simon, écartelé entre ses deux personnalités, les a vécues dans deux compartiments de vie hermétiquement étanches, dont chacun était indispensable à son équilibre. Il s'est mis à s'intéresser aux médecines parallèles et aux pratiques religieuses de l'Asie, un monde absolument étranger à son univers du complet-veston.

Quand Simon a entamé ce virage, mon père l'a mal pris. Il avait toujours eu des rapports difficiles avec son fils aîné. Simon lui en voulait sans doute sans le dire de l'avoir laissé pendant la guerre, à vingt ans, responsable de sa mère et des enfants. Leurs retrouvailles après la guerre n'avaient pas été très heureuses. Le mariage puis le divorce d'avec Marie-Pierre n'avaient rien pour plaire à notre père. Il le voyait enfin stabilisé avec Léone, l'épouse parfaite, et ses cinq enfants que Simon adorait : les deux aînés de son premier mariage, Fabrice et Constance, les trois suivants de sa seconde union avec Léone, Sylvie, Dominique et Olivier. Il n'appréciait pas son comportement à ses yeux un peu régressif de faux soixante-huitard, en blouson de cuir et moto. Mais ce père de cinq enfants n'a pas apprécié non plus de son côté qu'on le traite comme un gamin. La relation père-fils s'est encore distendue ; et quand mon père, peu après, est tombé malade, Simon a refusé d'aller le voir avant sa mort. Pourtant, de nous tous, c'est lui qui a le plus mal supporté la mort du père, et c'est lui, l'aîné, qui a eu avec son père les rapports intérieurs les plus intenses.

C'est dans ces années-là que la famille a tourné sur elle-même comme la Terre et que le soleil de la visibilité sociale a posé sur moi un rayon. À l'extérieur, le nom de la famille a eu deux têtes. *Le Débat* et *Les Lieux de mémoire* m'ont fait un prénom. Je n'en étais pas peu fier. Il n'y avait plus seulement Simon. À l'intérieur même de la famille, les rapports avec mes frères et sœur ont changé et j'ai eu le sentiment obscur, mais très fort, que les circonstances étaient en train de faire de moi, le benjamin, quelque chose comme un chef de famille.

Avec mon frère Jean, l'affaire s'est jouée autour de la Cour des Hayes, cette maison des Yvelines, en bordure de forêt, que mon père avait achetée en 1938, et qu'il avait chérie jusqu'à sa mort, en 1975. Les gardiens de l'époque m'ont dit qu'à son dernier départ de la maison il avait fait en silence le tour de chaque pièce, dans une espèce de recueillement religieux. Ses derniers mots, sur son lit d'hôpital, ont été pour nous dire d'attendre le printemps pour vendre la maison, comme son dernier geste a été de serrer ses doigts de la main pour nous signifier de rester tous les quatre unis.

C'est dire l'enjeu familial qu'a représenté cette maison, entourée de trente hectares, moitié prés, moitié forêt. Elle est pendant plusieurs années tombée à l'abandon. Le normal eût été que Simon s'y installât, avec ses cinq enfants, mais c'était pour lui, à tous égards, une image déplaisante, mettre ses pas dans ceux de son père... Jacqueline, qui venait de divorcer d'avec François Furet, était – j'en parlerai plus tard – en plein désarroi et ne voulait pas d'une maison qui lui rappelait son père.

Les divergences ont commencé avec mon frère Jean. Je n'avais eu jusqu'alors avec lui que des rapports sans passion réciproque, affectueux, mais peu investis. Il a de toute évidence souffert de l'ombre où le confinait sa profession médicale, vis-à-vis d'un côté de son père, de l'autre côté de son frère aîné.

C'était pourtant une personnalité forte, un homme profondément séduisant et généreux. Sa femme, peintre, Jeannie Dumesnil et son propre talent de sculpteur amateur révélaient chez lui une forte tendance artistique. Il avait un brevet d'aviation, et organisait avec son groupe d'amis des équipées sahariennes qui lui rappelaient ses engagements de jeune soignant aux côtés de Médecins sans frontières. Si je ne parle pas ici davantage de lui, c'est que sa vie, pleine, riche, dévouée aux autres, ne se prête pourtant pas spontanément au récit. Jean avait, de surcroît, le sentiment secret d'être, par rapport à ses deux frères, celui qui était confronté aux choses sérieuses de la vie, la maladie et la mort. Il comprenait mal ce que je faisais, ou plutôt pensait que je ne faisais pas grand-chose.

Ce qu'il souhaitait pour la Cour des Hayes, où il montait à cheval, c'était qu'elle reste le centre de la réunion familiale. Il s'était mis à en vouloir à Simon qui, d'autorité, pour trancher le nœud gordien, s'était attribué les dix-sept hectares de forêt et fait construire sa propre maison, moins à son usage – il n'aimait pas beaucoup la campagne – qu'à celui de ses enfants. Dans la maison principale, Simon me laissait en tête à tête avec Jean, qui n'y venait jamais, lui préférant sa maison à Ramatuelle et prétendant n'avoir pas les moyens d'entretenir deux maisons. J'errais donc dans ces murs délabrés, comme un gardien de cimetière, m'appliquant, sur les conseils de Simon, à partager la maison en deux pour en laisser une partie à Jean, en proposant de nous associer pour racheter la part de Jacqueline. J'ai fait les travaux, mais il n'est jamais venu.

Or, à ce moment même, ma vie sentimentale était en train de se fixer. J'étais, depuis des années, éperdument amoureux d'une femme hispano-américaine avec qui les rapports paraissaient impossibles. Gabrielle van Zuylen était mariée à un riche homme du monde de la famille Rothschild, elle avait, à trente-huit ans, quatre filles, une situation familiale et sociale qui en faisait une forteresse imprenable. Notre liaison, furtive, aurait dû durer trois mois, elle a duré près de quarante ans, jusqu'à sa mort en 2010. Les premières années ont été incertaines, en dents de scie, ponctuées pendant douze ans de retrouvailles et de longues séparations. Jusqu'à ce que, son mari l'ayant quittée, elle se sente enfin libre de venir à moi.

Ce détour nécessaire me ramène à la Cour des Hayes, où Gabrielle me conseillait de poursuivre quelques transformations. La maison était naturellement appelée à devenir « notre maison », et Simon à ce moment-là m'a aidé à obtenir de Jean, qui ne voulait rien savoir mais ne proposait aucune solution, de me céder sa part ; quant à Jacqueline, elle ne demandait qu'à céder la sienne.

Me voilà donc celui qui allait relever le fief, et avec Gabrielle, femme de goût et maître-jardinier de son état, faire de ces vieux murs habités de fantômes une maison idéale et un cadre rêvé pour le travail. La Cour des Hayes a connu une seconde vie. Et comme Simon a fini par laisser sa propre maison à son fils Olivier, que son aîné Fabrice a acheté une maison mitoyenne, sa fille Constance une maison proche ainsi que son autre fille Dominique la maison voisine, ce foyer familial est devenu un centre de regroupement, pour mon plus grand bonheur. La Cour des Hayes a pris, pour les amis parisiens, un statut presque mythique, au fur et à mesure que la famille s'agrandissait. « Si le père voyait ça ! » est la phrase que nous nous répétons à chaque rencontre générale, dont Anne Sinclair est devenue le centre et l'animatrice aimée de tous.

C'est donc la Cour des Hayes et Gabrielle qui nous ont éloignés, Jean et moi, pendant des années, jusqu'à la mort de Simon en 2006. Sa disparition nous a rapprochés jusqu'à nous rendre inséparables.

Avec Simon, la distance s'est faite plutôt par étapes. La première concerne précisément Olivier qui, à l'adolescence, s'était spontanément tourné vers moi, encore sans enfants ; Simon, très occupé et distant de son dernier fils par l'âge, a eu la gentillesse, plutôt la générosité, de m'encourager à lui apporter ce que je pouvais. Si Olivier a fait la khâgne plutôt que Sciences Po, puis l'École normale de Saint-Cloud, j'y suis sans doute pour quelque chose. Et s'il s'est lancé dans l'édition, ce n'est peut-être pas non plus étranger au modèle avunculaire. Or Simon, qui n'avait pas grande estime pour le métier d'éditeur, pensait, peut-être à juste titre, qu'Olivier était mieux fait pour l'ENA et la diplomatie, avec son charme, son intelligence et la tradition de sa famille maternelle, qui auraient fait de lui un ambassadeur tout désigné. Simon m'en a voulu de l'avoir en quelque sorte « dévoyé ».

Puis il y a eu coup sur coup *Le Débat* et *Les Lieux*

de mémoire. Je pense que ce seuil soudain franchi lui a posé des problèmes personnels. Simon a vécu avec l'envie contrariée de faire une œuvre intellectuelle. Il a essayé plusieurs fois d'achever cet *opus* commencé et n'y est jamais parvenu. Sans doute parce qu'il était capable de gros coups de collier mais pas d'efforts continus. On lui a ensuite proposé mille fois d'écrire ses Mémoires, de faire un livre d'entretiens. Il a toujours refusé, par orgueil, par volonté de ne pas faire comme tant d'autres, par crainte que le résultat ne soit pas à la hauteur de son exigence. Or voilà que «l'œuvre», c'était le petit frère qui était en train de la réaliser. On m'a dit qu'il était très fier du livre, en lisait à haute voix des passages; mais à moi il n'en a rien dit. J'ai soupçonné qu'une autre raison lui déplaisait : l'image de la France qui se dégageait de mon travail.

Les Lieux de mémoire ont coïncidé avec une période où Simon a entamé son retour au judaïsme, comme beaucoup à l'époque. Il avait rejoint un petit groupe d'études, animé par un polytechnicien, Claude Riveline, avec des amis, Gérard Worms et François Wahl en particulier. Il ne lisait plus que des livres d'histoire juive et se faisait avec les bribes de bouddhisme un mélange tout personnel qui lui servait de philosophie et le préparait sans doute à la mort qu'il redoutait intensément. Il l'a finalement affrontée avec un courage, une maîtrise et une sérénité qui ont fait l'admiration de tous, une mort romaine.

Toujours est-il qu'à l'époque ce haut fonctionnaire s'éloignait sans doute, par déception, de tout ce qui avait animé sa vie, la politique, la France, l'Europe. Il se consacrait à ce qu'il considérait comme l'essentiel : la transmission à ses enfants d'une éthique de vie. Tandis que le petit frère, qu'il considérait un peu comme un intello, un marginal, se consacrait à un travail qui paraissait célébrer la France, et lui prêtait beaucoup, à cette France ; sans doute trop à ses yeux.

Le bouquet a été l'Académie française. Ce qui pouvait paraître l'apothéose familiale, ce qui aurait fait la fierté absolue de mon père, Simon me l'a reproché comme une déchéance, une soumission compromettante, une vanité puérile, une trahison de l'éthique familiale. Il a entraîné toute la famille dans cette voie. Quand il m'a demandé : « Mais enfin, pourquoi te lances-tu dans cette aventure ? », je lui ai répondu en le regardant droit dans les yeux : « Par modestie. » Il a parfaitement compris le reproche implicite à son orgueil, qui lui avait fait manquer bien des occasions.

On a beaucoup dit que Simon n'avait pas eu la carrière qu'il méritait. De l'extérieur, c'est vrai ; mais ce n'est pas mon avis. Quel gouverneur de la Banque de France, quel ministre des Finances, quel Premier ministre, tous postes auxquels il aurait pu prétendre, ont laissé sur leur époque une marque aussi forte ? Simon a été le modèle du grand serviteur de l'État ; son nom est associé à la modernisation de la France d'après guerre et à la grande époque de la croissance économique française. Il a laissé une forte impression sur tous ceux qui l'ont croisé. Il suffit de parcourir l'ouvrage, déjà cité, qui lui a été consacré pour voir le nombre de ceux, plus jeunes, qui se réclament de lui. Ses enfants l'adorent, et sa descendance, nombreuse, lui voue un culte. Il a fait sienne la formule qui définissait pour Levinas la vie réussie : « Recevoir, célébrer, transmettre. » Il a reçu de tous les côtés, il a célébré la vie jusqu'au bout ; il a transmis.

*

Si je parle maintenant, à côté l'une de l'autre, des trois femmes de la famille, ma mère, ma sœur Jacqueline et notre gouvernante, Michelle Dupé, dite Micha, c'est qu'elles ont entretenu entre elles des liens très étroits. C'est aussi qu'elles ont en commun d'avoir été les victimes d'une famille de l'« ancien monde », auquel s'ajoutait un machisme tout spécial qu'on pourrait appeler un « machisme d'amour ».

Je commence par Micha, parce qu'elle a été notre véritable mère. Entrée dans la famille à vingt ans à la naissance de Simon, cette jeune Bretonne y est restée, je l'ai dit, toute sa vie. Ma mère nous embrassait le matin, à midi et le soir, mais Micha ne nous quittait pas. Nous dormions dans la même chambre, et c'est elle qui nous consolait si nous avions des cauchemars. Elle nous faisait travailler le matin tout en tricotant mécaniquement des lainages dont elle avait le secret, nous tirait les oreilles en criant : « Âne bâté ! », nous emmenait l'après-midi jouer aux Champs-Élysées, nous lisait le soir un chapitre de *Sans famille* d'Hector Malot, ou de *L'Île au trésor* de Stevenson. Le dimanche, elle allait scrupuleusement à la messe, sans jamais tenter de nous entretenir de religion. Ses jours de congé, elle allait les passer chez une amie, chef de service au Prisunic de la gare Saint-Lazare, ou une autre, sous-directrice du cours Berge, où nous allions avant le Cours Hattemer, rue de Londres. Ses fréquentations ainsi que sa carrure un peu masculine auraient pu confirmer mes parents dans l'idée qu'elle aimait les femmes ; mais ma mère était trop innocente pour se poser la question, et à l'époque on ne parlait pas de ces choses-là.

Micha régnait plus ou moins sur tout le personnel, que l'on aurait du mal à imaginer aujourd'hui si nombreux et divers dans une famille qui n'était pourtant pas de « grande bourgeoisie », mais en avait presque le train : Germaine, la femme de chambre, Berthe, la cuisinière, Gratien, le valet de chambre qui servait de chauffeur à ma mère. Quant à Berthe, l'anecdote légendaire destinée à décrire le petit farceur que j'étais consistait à rappeler que, me trouvant en larmes devant la porte de la maison et me prenant dans ses bras pour me consoler, elle m'aurait entendu dire, en la repoussant : « Mais laisse-moi ! Tu ne vois pas que c'est pour rire ? » On disait alors de moi : « Ce petit a encore son *déménon.* » Le *déménon,* c'était le petit diable intérieur qui s'emparait parfois de moi pour m'emporter dans les directions qu'il voulait ; en général, la tourmente et la déprime.

Cette maisonnée de la rue La Boétie, où nous habitions, se partageait, en fait, en deux appartements. Le professionnel, sur rue ; le familial, sur cour. Ils étaient reliés par un long corridor sombre sur lequel donnaient nos deux chambres, celle de ma sœur et la mienne avec Micha. Ce couloir revêtu de linoléum nous permettait, petits, de faire du patin à roulettes.

La partie professionnelle avait une solennité de convention. Avec son grand salon assez froid où attendaient les patients, la pièce la plus importante où l'on accédait par un petit corridor était le bureau, sanctuaire où les enfants pénétraient peu, sauf pour comparution ou confession, socle sur lequel reposait cependant tout l'édifice familial. Tout y était de style Empire : le canapé, la lourde armoire où étaient pieusement rangés des livres de bibliophilie sans valeur, le secrétaire dont mon père extrayait parfois de sa poche les grosses clés, et surtout le bureau derrière lequel le docteur Nora trônait en majesté.

Il régnait dans ce bureau une légère odeur d'éther venue du cabinet d'examen et du secrétariat médical attenant. Là, c'était Madame David qui régnait. Je ne l'ai jamais vue qu'en blouse blanche. Sans mari, sans enfants, elle arrivait tous les jours pendant cinquante ans à 14 heures pile pour repartir à 19 heures pétantes, avec une régularité de métronome qui correspondait avec la vie réglée du Patron : debout à 6 h 30, trois ou quatre opérations chirurgicales jusqu'à 13 heures à l'hôpital Rothschild ou à la clinique de la rue de Turin. De 14 heures à 18 heures, consultations privées. À 18 heures, retour à l'hôpital pour contrôle des opérés du matin. Dîner rapide et soirée dans le bureau, ma mère en face de lui avec un livre ou un ouvrage de couture, pendant qu'il appelait confrères ou familles de malades, puis rédigeait son courrier à la main. On imagine mal aujourd'hui pareille austérité.

L'hiver 1939-1940, c'est encore Michelle qui nous a gardés, Jacqueline et moi, à la Cour de Hayes, en premiers occupants de la maison qui venait d'être achetée, tandis que ma mère restait à Paris avec mon père.

Quand, en mai 1940, nous sommes arrivés à Bordeaux sur consigne paternelle pour y chercher les passeports destinés à l'Amérique, il a bien fallu se séparer de Michelle, qui devait rentrer dans sa famille, à Fégréac, un petit village près de Redon, dont son père avait été le maire. Mais quand, refoulés à Hendaye dans les conditions que j'ai racontées, nous avons retrouvé Michelle, pas encore partie, ce fut une grande joie pour Jacqueline et pour moi ; comme pour Michelle, décidée aussitôt à ne pas rentrer chez elle ; elle nous suivrait. Nous nous sommes d'abord réfugiés à Arcachon où nous est, un peu providentiellement, arrivé un télégramme de mon père. Il nous informait que son régiment devait se replier sur Tarbes et nous donnait rendez-vous dans un petit village de montagne, Cauterets. Là, il y eut pour moi deux événements de gravités bien différentes, mais qui, tous deux, pour l'enfant que j'étais, ont marqué une déchirure.

À peine mon père nous eut-il retrouvés, moi en culottes courtes tricotées par Michelle, que sans plus tarder il m'emmena lui-même acheter un pantalon. Ce petit drame a pris des proportions symboliques dans la tête de l'enfant que j'étais. Michelle, qui venait de faire le choix de ne pas abandonner ma mère, se sentait, par mon père, dépouillée de son seul domaine d'excellence, le tricot. Pour moi, ce passage des culottes courtes en laine au pantalon a valu quasiment un premier arrachement à l'enfance, l'arrachement au monde de Michelle. Une coupure qui allait tout de suite après se doubler d'une autre, beaucoup plus grave.

Démobilisé, mon père a pris en effet, quelques jours après, la décision d'envoyer ma mère et les quatre enfants dans une ville universitaire de la zone libre où Simon pourrait continuer ses études de droit et Jean celles de médecine, tandis que lui rentrerait seul à Paris retrouver son poste de chef de service à l'hôpital Rothschild, qu'il n'occupait que depuis 1938. Décision, à tous égards, dangereuse : abandonner sa famille, se jeter dans la gueule du loup. Mais c'était bien lui tout entier : on ne recule pas, on fait front.

Quant à Michelle, qui aurait pu encore, qui aurait dû partir, elle a confirmé son choix d'assister ma mère, et de partager les risques et les aventures familiales. Elle a donc passé la guerre avec nous à Grenoble jusqu'à l'été 1943. Après l'occupation de la zone libre par les Allemands, elle s'est réfugiée avec ma mère dans une petite maison du Vercors, à Méaudre, tandis que j'étais au Portique, au-dessus de Villard-de-Lans, et Jacqueline dans une pension qu'elle n'a pas supportée, et a vite abandonnée pour rejoindre ma mère et Micha. L'hiver a été glacial, la maison sans chauffage. Micha a fait une grave pneumonie. Il n'y avait ni hôpital ni médecin dans les environs. Elle a manqué mourir, d'autant que personne n'aurait pu l'empêcher de continuer à fumer comme un sapeur. À peine remise sur pied, elle a consenti, cette fois, à rentrer chez elle.

Nous ne l'avons retrouvée que l'année suivante, au retour à Paris. Son changement physique était frappant. Elle avait grossi, et pris une allure hommasse. Sa place, son rôle ont commencé de changer à la maison. N'ayant plus grand-chose à y faire, elle éduquait dans la journée des enfants d'autres familles. Mon père supportait mal l'ascendant qu'elle avait pris sur ma mère pendant la guerre, et préférait lui en vouloir à elle que reprocher à ma mère sa docilité. Jacqueline, après son divorce dont je parlerai, s'étant rapatriée rue La Boétie avec sa fille et son fils, Michelle, devenue définitivement Micha pour la nouvelle génération, s'est occupée d'élever les deux enfants de Jacqueline. Mais même elle, sur qui il était clair que Michelle avait fait une fixation presque amoureuse, supportait mal les changements physiques et moraux qui s'accéléraient avec le temps. Micha s'était mise à boire trop de vin, ses pommettes se cuivraient et cette vieille paysanne bretonne fumait maintenant la pipe.

Mon père la traitait de plus en plus mal, et ne souhaitait plus qu'une chose, qu'elle parte. J'ai senti Michelle s'enfoncer dans le malheur. Que lui restait-il dans cette maison où, les enfants de Jacqueline grandissant, elle n'avait plus de place ? Je l'ai souvent surprise le soir, dans son lit, débraillée, un verre dans le nez, la pipe au bec, m'en voulant de la trouver presque un peu repoussante, tandis que les larmes coulaient sur ses joues rouges et qu'elle tricotait fébrilement.

Mon père a fini par lui louer dans le XVIe arrondissement un logement où Micha s'est refait une vie pendant quelques années, donnant encore des cours à des enfants qu'on voulait bien lui confier. Ma mère n'étant plus là, elle ne vivait que dans l'attente des visites de Jacqueline. Je me forçais à l'emmener parfois déjeuner, rarement. Un jour, un an ou deux après la mort de mon père, Jacqueline, l'appelant sans succès plusieurs fois au téléphone, s'est précipitée chez elle. Elle était morte depuis au moins vingt-quatre heures.

Rien que de normal, rien que la vie. N'empêche, il y eut dans le destin de cette femme que j'ai aimée comme une seconde mère, qui a consacré sa vie à notre famille, au péril de ses jours, quelque chose d'infiniment triste, un exil progressif, sans violence ni méchanceté, mais qui signe un ordre social d'un autre temps, celui où les gouvernantes étaient dans les familles jusqu'à ce que, les enfants élevés, on les jette.

La vie de ma sœur Jacqueline a été, elle, frappée de grands malheurs, qui se sont ajoutés à sa propre nature. Souvent, le soir, dès l'avant-guerre, je l'entendais pleurer dans son lit sans raison apparente.

Elle a vécu la guerre dans la terreur, sans

pouvoir supporter la pension de Villard-de-Lans où elle aurait poursuivi ses études, et s'est retrouvée après guerre à Paris, trop en retard pour rattraper le temps perdu, et trop grande tige pour ses petites camarades. On l'a retirée du lycée pour l'inscrire à l'école des Arts décoratifs, rue Beethoven, dont elle est sortie première, car elle était très douée pour le dessin, habile de ses doigts, et d'un goût inventif. Pour la famille, c'était une école «pour les filles». Une anecdote circulait entre nous, qui en disait long sur le statut de Jacqueline. À ma naissance, trois ans après la sienne, un de mes frères, déjà adolescent, aurait demandé à l'autre : «Tu crois que pour la circoncision de Pierre, on va prendre le rabbin habituel?» Et l'autre de lui répondre : «Sûrement pas, après ce qui est arrivé à Jacqueline!» Pour cette bande de machos, elle n'était caractérisée que par ce qu'elle avait «en moins». Mon père disait : «Ma Bobine sera toujours assez jolie pour trouver un mari.» Elle n'était pas «jolie», elle était très belle. Ma mère aurait dû la défendre, l'encourager, être de son côté. Elle était elle-même si soumise qu'elle s'était toujours dérobée à cette tâche, que dis-je, à cette mission. Je me souviens de ma mère, à la fin de la guerre, quand ma sœur lui a demandé ce qu'était ce sang qui lui coulait entre les jambes, lui répondant : «C'est à ton père que tu devrais demander, c'est lui le médecin!»

Jacqueline était la plus intelligente de nous tous,

la plus douée. Elle a fait un mariage précoce et mal assorti avec un lointain cousin de Marie-Pierre de Brissac, la femme de Simon, de petite noblesse provinciale, Gilles de Gastines. Il avait écrit à Marie-Pierre lors de son mariage pour la féliciter de son affranchissement de la tutelle aristocratique de sa famille. Celle-ci, heureuse de cet unique ralliement, l'avait introduit dans la famille, poussée par Simon qui y voyait peut-être un renforcement de sa propre démarche. Gilles est tombé amoureux de Jacqueline, lui a fait une cour habile et pressante, si pressante que ma sœur s'est retrouvée enceinte à dix-huit ans. Mon père, chose incroyable, lui a proposé, pour ne pas hypothéquer son avenir, de l'avorter lui-même si elle renonçait à son projet de mariage. À l'époque et pour un chirurgien si rigoureux, une pareille proposition est stupéfiante. Avorter, déjà... mais de ses propres mains, sa propre fille ! Jacqueline a refusé, le mariage s'est fait sans la présence de sa belle-famille et le couple a choisi la première occasion d'embauche qu'une banque marocaine proposait à Gilles pour fuir à Casablanca. Une fille est née. Ce qui prouve l'immaturité de Jacqueline, son puéril attachement à la famille : elle a appelé cette enfant Nora. Nora de Gastines. Et puis, après la naissance – non désirée – d'un second enfant, un fils, Alain, et à l'occasion d'une de ses visites à Paris, Jacqueline demande après le déjeuner à parler à son père. Ils s'installent dans le bureau, mon père derrière sa table, prêt aux confidences, et Jacqueline lui annonce qu'elle veut divorcer. À ce mot, mon père soudain se lève, et, serrant son cœur, tombe raide. Jacqueline s'approche, court chercher de l'aide, et ma mère en voyant son mari par terre lui crie : « Tu as tué ton père ! » Un cri lourd à porter pour une fille aimante, et prompte à culpabiliser. Pour mon père, c'était un infarctus qui, à l'époque, à soixante-quatre ans, ne laissait guère plus de quatre ou cinq années d'espoir de vie. Et pour Jacqueline, le début d'un long calvaire, l'humiliation d'avoir à revenir au domicile familial avec ses deux enfants et l'obligation de trouver un travail que mes parents, une fois de plus, lui ont déniché au *Jardin des modes*, où, douée comme elle était, elle est vite devenue chargée des pages d'aménagement intérieur.

Quand François Furet, amené par moi à la maison, n'y est bientôt venu que pour elle, c'est moi, cette fois, qui ai plutôt poussé au rapprochement. Ai-je eu raison, ai-je eu tort ? Les vingt ans qu'ils ont passés ensemble ont été, malgré les hauts et les bas de leur relation, les années les plus heureuses de sa vie. Du moins l'auraient-elles été si sa fille avait eu une vie normale. Ce ne fut, hélas, pas le cas. Nora, souffrant sans doute d'un déséquilibre nerveux, n'a jamais pu, malgré sa gentillesse naturelle, et même son charme, s'appliquer à des études. Elle restait liée à sa mère par des liens d'un attachement enfantin, lui laissant jusqu'à près de vingt ans des mots d'amour et d'espoir sous l'oreiller. Elle a dérivé peu à peu dans l'alcoolisme. Tous ses comportements frisaient le simulacre du suicide. Elle a sauté du toit-terrasse de la tour Montparnasse, rattrapée par sa robe qui s'est accrochée à un clou et sauvée par un vigile. Elle fut ensuite sauvagement agressée dans son petit logement quai Saint-Michel. Pour finir, Nora fut prise d'un malaise pendant qu'elle téléphonait à une amie, raccrocha, et fut retrouvée morte sur un canapé. On diagnostiqua une rupture d'anévrisme. C'est toute sa vie qui donne une impression de dérive jusqu'au naufrage.

Cette tragédie se produisit juste au moment où François quittait Jacqueline et le charmant garçon qu'ils avaient eu ensemble, Antoine. Le coup pour elle a été si terrible qu'elle a dû faire un séjour de trois mois à l'hôpital.

Les malheurs, cependant, ne faisaient que commencer. Alain, qui jusque-là paraissait épargné, gagnait sa vie en réalisant des films publicitaires et s'était marié avec une avocate dont il avait eu deux enfants, Eliott et Louise, a lui aussi perdu pied. Il n'est pas parvenu à combattre son addiction alcoolique, a divorcé, et après deux tentatives de suicide avortées a fini par rejoindre sa sœur dans la mort.

Je ne sais pas où cette femme a trouvé le courage et l'énergie de survivre elle-même à tant de douleurs. Sans doute possède-t-elle une force de vie inouïe qui, lorsqu'elle ne se retourne pas contre elle-même pour la détruire, lui permet de remonter la pente. Cette même force a toujours habité son autre fils, Antoine. Entre la dépression de sa mère, les drames familiaux et le départ brutal de son père qui l'avait jusque-là surprotégé, il avait eu une adolescence chaotique, dont il a triomphé avec une volonté de fer et un courage extraordinaire. Musicien, il s'est passionné pour la psychanalyse, a suivi des études de psychologie, élevé ses deux enfants, Mia et Octave, aussi doués l'un que l'autre. Il partage aujourd'hui son temps entre une clientèle personnelle et un accompagnement de jeunes délinquants emprisonnés. Sans lui, sans son soutien permanent, Jacqueline aurait-elle eu l'énergie de survivre ?

Dans tous ces drames, mon frère Jean a eu un rôle décisif. Il s'est occupé de Jacqueline avec la compétence du médecin et l'affection du frère. Pendant toute une période, il s'est chargé d'Antoine, venu habiter chez lui. Jacqueline rapporte que les derniers mots de Jean pour elle, avant de mourir, ont été : « Tu es une sacrée emmerdeuse, mais je t'aime bien quand même. »

Jean résumait bien la situation. Jacqueline est une infatigable emmerdeuse, insupportable aux autres et à elle-même, qui dit en voyant le ciel bleu : « Ça ne va pas durer », une pessimiste pour qui le bonheur qui pointe son nez est un malheur qui sommeille ;

et s'il ne se réveille pas tout seul, elle paraît l'appeler. Elle souffre de son manque de culture dans un milieu qui en vit, prétend ne pas comprendre le journal, écrit d'une écriture appliquée pleine de fautes d'orthographe. Elle a toujours été centrée sur elle-même, elle y est devenue enfermée, fixée sur son passé, son enfance, ses relations avec son père, sa mère, Micha, faisant un effort pour parler d'autre chose mais y revenant toujours et, Furet par-ci, Furet par-là, avec une mémoire d'enfer pour un mot qui l'a blessée il y a trente ou cinquante ans. Une masochiste invétérée qui ressasse tout ce qui l'a fait souffrir, ne pardonne rien, et peut se venger de vous jusqu'à la méchanceté.

Mais quelle personnalité ! Jacqueline a sur les choses, les gens, un jugement infailliblement juste, un humour noir, un dévouement sans limites à plus malheureux qu'elle. Et la force qu'on sent en elle la rend très attachante, « attachiante » comme elle dit d'elle-même. Elle a gardé toute sa vie des amies d'enfance qui l'admirent et l'adorent. Sa vieillesse est peut-être la meilleure période de sa tragique existence. Elle a gagné avec l'âge une espèce de sérénité qu'elle n'avait jamais connue. Elle vit seule, très proche de son fils, de ses petits-enfants et arrière-petits-enfants ! Elle s'est même totalement réconciliée avec son petit frère, moi, qu'elle a, pendant des années, considéré comme exclu de la famille, sorti de son « monde » à elle, publiant et écrivant des livres abscons pour elle, restant proche de son ex-mari, et vivant avec deux femmes successives qu'elle n'aimait guère, Françoise Cachin et Gabrielle van Zuylen. Elle reconnaît malgré tout qu'avec cette maison de campagne où j'ai tant donné de moi-même, j'ai prouvé ma fidélité familiale. Et surtout, je ne suis peut-être pas si perdu à son humanité à elle, si j'ai pu aimer et être aimé d'une femme comme Anne, dont elle se sent si proche, malgré la distance apparente qui les sépare. En l'adoptant, elle, elle m'a adopté moi aussi. Des quatre enfants de la famille-souche, il ne reste que nous deux et, de son enfance comme de sa vie, je suis le plus proche et même le seul témoin. Nous nous aimons tendrement.

Ma mère, c'est au moment de sa mort que je me suis aperçu qu'elle avait eu une vie. Elle est morte à soixante-quinze ans d'un cancer du pancréas, qui emportera à son tour mon père et Simon. Autrement dit, la destinée familiale. Mon père a voulu lui épargner la vérité. Quand il a fallu l'opérer, il a inventé un kyste intestinal. Je le vois encore passant la nuit auprès d'elle, raide sur une simple chaise. Pendant un an, alors qu'elle diminuait à vue d'œil, il mettait tous les jours les cachets dans une boîte d'aspirine pour lui dissimuler la gravité de son état.

J'ai compris *a posteriori* que ma mère n'était nullement dupe, et savait qu'elle allait mourir. Mais par docilité, pour ne pas nous inquiéter nous-mêmes, elle a joué le jeu jusqu'au bout ; ce n'était rien, des maux de ventre qui allaient passer. L'agonie, l'interminable agonie, a commencé quand les pilules, au lieu de calmer une douleur sporadique, ne parvenaient plus à soulager une souffrance continue. Jusque-là, la mort paraissait cogner discrètement à la porte de son corps ; tout à coup ce fut l'inverse, elle était dans la place et c'est elle qui décidait des moments de répit qu'apportait la morphine. La mine grisâtre de ma mère prenait le teint des cadavres. Même alors, cette femme faisait celle qui ne s'apercevait de rien. Jusqu'au moment où j'ai vu, à la place du sourire, une ride profonde se creuser entre les yeux, qui changeait complètement son expression. Elle n'était plus soudain qu'enfermée sur elle-même, au bord de sa nuit.

Son dernier moment de conscience a été pour faire venir ses enfants, tenter de se soulever du lit, ouvrir grand les yeux, et de ses deux mains ouvertes aux doigts écartés, comme font les prêtres, nous bénir. Une scène à la Greuze. C'est seulement plus tard que je me suis aperçu de l'absence de Jacqueline. Mon père n'avait fait entrer que les trois garçons, pour éviter soi-disant cette émotion à sa fille. En fait, un geste ultime d'exclusion qui a pesé sur la vie entière de Jacqueline. Elle n'a eu le droit d'entrer que lorsque le corps était déjà froid ; elle n'a pu sentir sa mère, avec horreur, que comme une « chose ». Un moment insupportable.

Si je raconte cette longue agonie, qu'en général on tait mais qui pèse pourtant si lourd dans le souvenir, c'est que ma mère est tout entière dans cet effacement discret, cette abnégation, cette façon de ne rien s'offrir pour elle seule, pas même sa mort. De toutes les lettres de condoléances que j'ai reçues et qui toutes soulignaient sa bienveillance, sa grâce naturelle, son charme spontané, j'en relève une qui m'a fait rire sur le moment et exprimait pourtant, à la différence de tant d'autres, conventionnelles, la simple vérité. C'est mon vieil ami un peu « ahuri » Emmanuel Le Roy Ladurie, qui m'écrivit : « Mon cher Pierre, ce doit être bien pénible de se séparer de quelqu'un qu'on connaissait depuis si longtemps. »

Eh bien oui, je comprenais subitement que si je ne lui avais pas dans sa vie porté beaucoup d'attention, c'est qu'elle avait toujours été là. Il avait fallu qu'elle n'y soit plus pour que je comprenne son importance : elle était le pilier de la famille. C'est grâce à elle que nous avions toujours tenu bon, et traversé les tempêtes. Quel courage, par exemple, ne lui avait-il pas fallu, elle qui n'avait jamais de sa vie dormi une nuit toute seule, passant de la chambre de ses sœurs à celle de son mari, pour se retrouver responsable pendant la guerre de quatre enfants ! Il lui fallait une dose d'innocence, d'ingénuité, comme celle dont elle a fait preuve, à Grenoble, le jour où la police allemande a fait irruption pour visiter l'appartement avant de réquisitionner l'immeuble et où ma mère, en leur ouvrant la porte, s'est écriée : « Ah bon, vous m'avez fait peur, j'ai cru que vous veniez pour la note du gaz ! » Ou quand elle écrivait à une amie des naïvetés comme : « Vous savez, il se passe en ce moment des choses qui, en temps normal, feraient dresser les cheveux sur la tête. » Ou encore quand elle envoyait à une amie, de Villard-de-Lans, une carte postale signée de son vrai nom, mais disant : « Écrivez-moi sous mon faux nom, Juliette Noirot, sinon ce serait dangereux », moyennant quoi, comme je le raconte ailleurs, la Gestapo est venue nous chercher, heureusement sans nous trouver. Les anecdotes de ce genre seraient innombrables. Quand les Allemands ont investi le Vercors et que les avions en rase-mottes mitraillaient la vallée, je revois encore ma mère, que j'attirais avec moi dans le fossé, lever victorieusement son parapluie en criant : « Allez-y, vous les aurez ! » parce qu'elle croyait que c'étaient les résistants qui tiraient sur les avions.

Julie, c'était son prénom, était l'aînée de quatre filles Lehman et du dernier fils, Léon. Une vieille famille juive enracinée depuis des siècles à Sarreguemines, en Lorraine, et qui comme tant d'autres, après la guerre en 1870, était venue s'installer à Paris. Le père, Simon Lehman, un homme très pieux, avait bien réussi à la tête d'une petite banque qu'il avait créée, et laissé à sa femme – dont je garde une image floue quand elle était déjà tuberculeuse – une fortune assez confortable pour élever cette famille nombreuse : après ma mère, Ida, charmante tête-en-l'air ; Bella, qui méritait son nom, et Berthe, une petite rondelette, dont un des fils, Étienne, de mon âge, a été le compagnon inséparable de mon enfance. Je crois savoir que mon père, débarquant à la fin de la Première Guerre mondiale dans cette famille, avait une inclination pour la plus jolie, Bella, mais la tradition, à l'époque, voulait que les filles se marient dans l'ordre de naissance. Alors va pour Julie ! C'était d'ailleurs le plus sage des choix. Ma mère était une jeune femme intelligente, douée pour les langues, d'un charme certain. Tous ces dons ont été vite étouffés et son univers limité à son intérieur et son entourage proche, ses sœurs, ses enfants, et surtout son mari. Une femme aimée, c'est sûr, et même heureuse, mais, hélas, complètement dominée.

Pour moi, sa mort a été un bouleversement total, avant d'être, comme c'est classique, un remords permanent de ne lui avoir jamais dit combien je l'aimais, parce que je ne le savais pas moi-même. J'ai fait, pendant longtemps, un cauchemar significatif : j'étais dans une pièce dont les murs et le plafond se rapprochaient inexorablement. J'entendais des appels de femme en bas de la maison, mais quand j'arrivais à m'échapper des murs qui menaçaient de m'étouffer et me précipitais pour répondre à ces cris d'appel, l'escalier avait disparu.

J'hésiterais dans la métaphore entre l'escalier disparu et le toit de la maison qui s'envole. C'était la première rencontre familiale avec la mort. Un passage de la ligne ; la vie n'est plus jamais la même après.

Toutes les images d'elle sont remontées à la surface : son essoufflement, tous les matins, en rapportant les paquets du marché de la rue Poncelet, car elle n'aurait jamais laissé personne « faire les courses » à sa place. Ma mère faisant préparer par la cuisinière un cake pour le porter l'après-midi à une amie malade ou solitaire. À l'heure du thé, recevant ses sœurs ou ses amies pour papoter. Sa voilette que je lui ai toujours vue pour sortir et qui aurait suffi à indiquer la bourgeoise d'un autre temps. Pourtant, rétrospectivement, je dois reconnaître qu'elle ne m'a pas appris grand-chose. C'est, au contraire, moi qui l'ai traînée un jour dans une exposition – celle de Paul Klee, en 1947, la première à Paris de ce peintre qui m'avait tant frappé. Elle n'était pas sensible à la peinture.

L'éloignement que je sentais pour elle, de sa personne, de son corps, datait d'un jour précis, matin ou soir, où je suis entré dans la chambre parentale qui s'ouvrait sur une salle de bains, au moment où ma mère s'habillait ou se déshabillait. J'ai vu son corps fatigué et, de la poitrine au bas-ventre, une gaine qu'elle cherchait à boucler ou à déboucler. Une gaine à l'ancienne qui n'avait rien d'un corset érotique, mais un aspect plutôt hygiénique ou médical. Cette vision, qui avait provoqué chez moi un dégoût profond et durable, j'y songe maintenant avec une tendresse infinie et le sentiment d'une injustice irréparable.

Je n'ai jamais pu voir, sur une plage par exemple, une belle jeune femme élancée avec son petit garçon dans les bras ou à la main sans un élan pour cette image, celle que j'aurais voulu avoir de ma mère. J'ai eu pourtant beaucoup mieux que cette image d'Épinal, celle de la bonté. La bonté vraie, celle qui ne se connaît pas elle-même.

*

Et me voici devant le père, le fondateur, le patriarche.

La première idée qui s'impose, et que sa vie impose, c'est le lien étroit qui s'en dégage entre la médecine et la guerre.

D'abord par le temps qu'il a passé « en guerre ». Né en 1888, sursitaire de quatre ans pour cause d'études, il est mobilisé en 1912, après des mois de préparation militaire. Il ne sera démobilisé que début 1919, après une guerre « dure », qui commence à la bataille de la Marne pour finir dans la Somme, en passant par le Chemin des Dames. Croix de guerre et Légion d'honneur, qu'on ne distribuait pas largement à l'époque. Sept ans, donc, sous les drapeaux, de vingt-trois à trente ans. Se rend-on compte de la coupure que ces sept ans représentent dans une vie? Dans les pages que mon père avait dictées dans sa vieillesse, après la mort de ma mère, à la demande de l'éditeur Paul Winkler, qui avait publié les *Mémoires* de Robert Debré, je trouve cette notation : «Seule notre génération, tout au moins ceux qui parmi elle avaient répondu à l'appel, peut comprendre ce que signifie le mot "trou", l'énorme trou au fond duquel nous fûmes exclus de la vie de tous les autres et dont on ne pouvait sortir que lentement, très changé, très meurtri, ne comprenant plus ni ceux qui vous avaient accompagnés, ni ceux qui se sont dérobés. Il fallut se refaire, dans un monde où tout ce qu'on avait connu avait changé.»

Si l'on ajoute les quatre années de la Seconde Guerre et les dangers que cet homme a courus tant à l'hôpital Rothschild, au contact quotidien de l'ennemi, que dans le réseau de Résistance Libération-Nord, où il est entré dès 1941 sous le nom de Georges Nabert, on mesure le poids de la guerre dans cette existence. D'autant que l'entre-deux-guerres ne fut pour lui, dans les premières années, qu'une course folle pour rattraper le temps perdu, l'internat, les débuts de carrière, le choix de la spécialisation, l'orientation vers une carrière privée; et dans les dernières années, à partir de 1933, l'attente angoissée de la prochaine guerre, qu'on imaginait, à juste raison, pire que la première.

Il y a, cependant, chez cet homme, un lien encore plus étroit, plus intime, entre la médecine et la guerre.

Sans doute y eut-il quelques bonnes années de vie d'étudiant, amateur de musique au point d'être capable de donner des leçons de piano, amateur de peinture au point d'aller voir Monet peindre à Giverny, amateur de montagne au point de devenir fou d'escalade. C'est d'ailleurs à Morzine, en Haute-Savoie, qu'il avait fait la connaissance de la fille cadette de Plekhanov, le fondateur du mouvement social-démocrate en Russie, révolutionnaire émigré en Suisse. Il en parlait comme d'une intime qui l'avait, à Genève, introduit dans le milieu où il avait croisé et écouté Lénine, Zinoviev et autres révolutionnaires réfugiés après l'échec en Russie de la révolution de 1905.

Mais il s'agissait d'un temps très lointain. À Chamonix, dont il avait grimpé tous les pics, un homme, une personnalité certainement hors du commun, du nom de Maurice Henry, fils du consul de Perse à Genève, a eu sur lui une influence décisive. C'est à cet homme rayonnant, généreux, habité d'un besoin presque mystique de se dévouer aux autres, que mon père disait devoir son orientation vers la médecine où il était entré comme dans les ordres. « Être médecin, écrit-il dans une note, c'était alors le don de soi, c'était comprendre autrui, se substituer à lui pour un temps dans son être intime, être ce qu'il est, sentir ce qu'il sent, souffrir les mêmes problèmes, en trouver la solution, la lui faire comprendre, la lui faire accepter. Être médecin devait me classer dans une élite, dans une aristocratie que chacun devait sentir dès l'approche. Y voyais-je la possibilité et la recherche d'un métier, d'une carrière ? Non, non, c'était pour moi un apostolat. »

Y aurait-il aujourd'hui beaucoup de médecins à envisager leur métier de la sorte ?

La guerre l'avait fait chirurgien sur le tas, habitué à faire face à tous les imprévus, à prendre à chaque instant, devant des corps déchiquetés, des décisions vitales. « Personnellement, écrit-il encore, pendant quatre ans, j'ai connu, comme soldat, comme officier, comme médecin, comme chirurgien, soit dans les hôpitaux, soit dans les ambulances, soit dans les premières lignes, soit dans les régiments, soit dans le génie, soit dans l'infanterie, soit dans les chasseurs, soit dans les tranchées, soit en pleine campagne, j'ai connu toutes les images que donnent la peur, l'élan, le désespoir. J'ai tout connu et je considère aujourd'hui que c'est un miracle que je sois vivant. »

La médecine devait devenir son souci constant. Elle aussi était une guerre. Il aura vécu le passage d'une chirurgie artisanale à la chirurgie moderne, progrès de géant, avec, en particulier, les avancées de l'anesthésie et des techniques d'intervention.

Au mess des officiers, il avait fait la connaissance d'un sous-lieutenant qui devait, entre 1941 et 1942, jouer un grand rôle dans sa vie. On ose à peine en prononcer le nom : Xavier Vallat, commissaire aux Affaires juives de 1941 à 1942. Pas plus qu'on n'ose de ce nom emblématique de l'antisémitisme de la Seconde Guerre mondiale écrire ce qu'en dit mon père : «Vallat était un compagnon idéal, instruit, très instruit, très courageux. Nous sommes souvent montés de compagnie dans les postes avancés, nous partagions les mêmes cagnas, dans les mêmes tranchées simplement recouvertes d'une tôle de zinc. À chaque relève, nous faisions route commune. Nous couchions dans les granges, sur les tas de paille, la tête couverte du fameux béret que j'accusais d'être la cause du début de ma calvitie. Nous montions aux tranchées, je m'arrangeais pour être près de lui; il était toujours très anxieux et très souvent, disons, oui... ses dents claquaient, claquaient de peur! Mais dès qu'on commandait la sortie et l'assaut, il était le premier à enjamber le parapet et il entraînait ses hommes.» En mars 1918, dans la Somme, c'est mon père qui, dans la boue, sous la pluie et le feu, va le chercher, grièvement blessé, pour le ramener à l'intérieur des lignes au poste de secours. «J'ai cru qu'il ne survivrait pas. Plaies de face, plaies des membres inférieurs, une jambe pendante. Après pansements, et soins, soins très provisoires, j'organisais l'évacuation du poste et accompagnais Xavier à l'ambulance divisionnaire la plus proche. »

On comprend la gratitude de Xavier Vallat et la proximité que les deux hommes entretinrent jusqu'à ce que se révèle l'antisémitisme radical de Vallat. Mon père rompit définitivement avec lui quand celui-ci lança à la Chambre des députés, le 6 juin 1936, à l'adresse de Léon Blum, la fameuse interpellation : « Votre arrivée au pouvoir, Monsieur le président du Conseil, est incontestablement une date historique. Pour la première fois, ce vieux pays gallo-romain sera gouverné par un Juif ! » Mon père lui aurait dit, en le rencontrant au déjeuner des anciens combattants chasseurs alpins qui les réunissait régulièrement : « Si j'avais su, je t'aurais laissé où tu étais. »

L'antisémitisme de Xavier Vallat se révéla assez tard, au début des années trente. Ce n'était pas celui d'un tueur, mais d'un nationaliste chrétien de droite, de plus en plus à droite, et qui considérait plutôt le judaïsme comme un problème à résoudre. Pas un antisémitisme racial, mais plutôt culturel et religieux. Il avait beaucoup lu, et même consulté principalement trois personnes : Robert Debré, qui lui avait remis une note sur « la prétendue race juive en France », l'historien Louis Halphen qui lui en avait remis une autre sur l'histoire du judaïsme en France, et mon père.

C'est encore mon père que Xavier Vallat, nommé commissaire général aux Questions juives, convoqua le premier pour lui faire part de son intention de constituer une communauté juive, la future UGIF, l'Union générale des israélites de France. Il lui demanda d'en prendre la tête; mon père refusa. Il paraît néanmoins certain que, pendant la durée de son mandat, il protégea mon père et le prévint de certaines rafles. Quand, en mai 1942, il fut remplacé par Darquier de Pellepoix, un antisémite de choc, Xavier Vallat vint dire à mon père : « C'est un salaud épouvantable. S'il t'arrivait quelque chose, je ne pourrais rien pour toi. Fous le camp, rejoins ta famille à Grenoble. Si tu veux, on arrangera ton passage. »

Mon père refusa, une fois encore, de quitter son poste, et c'est à une autre aventure plus extraordinaire encore qu'il doit peut-être son salut.

Dans l'hiver 1942, alors qu'il sortait tristement de l'hôpital sous la pluie, une jeune femme en manteau de fourrure l'aborde :

— Docteur, vous ne me reconnaissez pas ?

— Si… Si…

— Je m'appelle (appelons-la Madeleine) Madeleine X. Vous m'avez opérée il y a quelques années. Je n'avais pas un sou pour vous payer et vous m'avez dit : "Vous me revaudrez ça un jour !" Eh bien, je suis peut-être en mesure de vous rendre service.

Elle explique qu'elle vit avec un homme puissant et bien placé qu'elle veut lui faire connaître. Est-il d'accord ? Elle continue :

— Il est là, à la porte, dans la voiture. Vous voulez bien le voir ?

Ce sont des moments où le sort hésite et bascule. Oui ? Non ? Cette femme lui inspirait confiance, elle paraissait ne lui vouloir que du bien. Il la suivit.

Devant le portail, une Citroën classique, un chauffeur, et un malabar descend, manteau de cuir également classique, lui écrase la main en saluant : « Bonjour, docteur, je m'appelle Mario, est-ce que je peux vous déposer chez vous ? » Dans la voiture, conversation banale avec cet Italien qui, à l'arrivée, lui déclare : « Docteur, je suis l'ami de Madeleine, vous aussi. Je vous adopte. Mais je vous préviens, il faut m'obéir au doigt et à l'œil. À bientôt ! »

À quelques semaines de là, coup de téléphone de Mario un peu avant le couvre-feu : « Docteur, ici Mario. Je suis malade. Ma voiture passera vous prendre dans un quart d'heure. Prenez des effets pour la nuit. »

Le chauffeur embarqua mon père pour le mener rue Chalgrin, une petite rue transversale à l'avenue Foch, dans un pied-à-terre confortable décoré de posters de femmes nues où le chauffeur contrôla que le frigidaire était garni et tout en ordre. Le téléphone sonna, c'était Mario. « Docteur, vous êtes installé ? Eh bien restez là jusqu'à ce que je vous appelle. » Le lendemain à 7 heures, téléphone de Mario : « Vous pouvez rentrer chez vous. »

Au retour, la concierge lui dit : « Ah docteur, cette nuit, les Allemands vous ont cherché ! » De ce jour, mon père a en effet obéi à Mario « au doigt et à l'œil ». Il arrivait que celui-ci passe le prendre le soir et l'emmène à l'arrière d'un bar ou dans un sous-sol de café, où il jouait avec sa bande de copains au poker, en fumant et buvant, pendant que mon père attendait, assis sur une chaise, sa sacoche sur les genoux. Ils sont devenus presque amis, une photo les montre même à table, en train de déjeuner, à la Cour des Hayes me semble-t-il.

Qui était Mario ? Un agent double, sans doute, mais assez haut placé, comme le laisse penser l'histoire suivante.

Dans l'été 1943, mon père était venu passer quelques jours avec sa famille à La Clusaz, en passant la ligne de démarcation dans le coffre d'une 202 Peugeot. Il en reste une photo « historique » où l'on nous voit tous réunis sur un pré. À son retour, il apprend que sa sœur Alice a été arrêtée, dénoncée au commissariat de police du XVIe arrondissement par une voisine pour ne pas porter l'étoile jaune et être descendue chez l'épicier après l'heure du couvre-feu. Il n'avait pas les moyens de joindre Mario, mais à leur rencontre suivante il lui montre la carte reçue de Drancy qui indiquait un départ pour une destination inconnue, et demande à Mario s'il peut se renseigner. Mario n'ayant rien dit la fois suivante, mon père finit par lui demander s'il avait pu savoir quelque chose. Mario le coupe sèchement : «Je n'ai rien pu savoir, ne m'en reparlez jamais.» Quand, après la guerre, mon père a appris qu'Alice avait été gazée à l'arrivée à Majdanek[1], il s'est rappelé que Mario, en prononçant cette phrase, avait changé de couleur. Il en a déduit qu'il était au courant. Or, pour savoir avec précision le destin d'une déportée, il fallait, sans doute, appartenir au cercle restreint de ceux qui étaient renseignés à la source.

Mario a disparu à la fin de la guerre. Mon père a su, par son adjoint réfugié en Espagne, que sa voiture avait capoté sur la route de Bayonne. Madeleine et Mario avaient brûlé vifs dans la voiture que lui-même suivait. Mais ce que mon père a appris en allant interroger le paysan qui avait assisté à la scène, c'est que la seconde voiture, celle de son adjoint, ne s'était pas arrêtée. Ce détail valait révélation.

★

L'après-guerre, malgré la joie de se retrouver tous vivants, ne fut pas pour mon père un long fleuve

1. Camp d'extermination à deux kilomètres de Lublin, en Pologne.

tranquille. Dès 1945, il perd sa mère qu'il avait installée à la Cour des Hayes pour passer la guerre. Chacun des membres de la famille avait beaucoup changé. Ces quatre terribles années avaient fait de la femme encore jeune qu'il avait quittée une femme, disons, moins jeune. Les retrouvailles avec elle ont été, silencieusement, au bord du drame. Ont été installés dans leur chambre deux lits jumeaux au lieu du lit que les Italiens appellent « matrimonial ». Cette séparation en dit long. Mon père avait-il eu une liaison ? L'idée s'est imposée quand est apparue une femme charmante, une ancienne patiente, qui « avait-eu-la-gentillesse-de-lui-tenir-compagnie-pendant-la-guerre », et qui est devenue l'amie de la famille. C'était l'épouse d'un gros industriel du textile du Nord. Elle venait prendre le thé avec ma mère qui lui manifestait plutôt de la reconnaissance. Mon père, en riant, nous avait parlé d'une patiente de sa connaissance qui, pendant la guerre, avait eu un amant qu'elle avait dû finir par abandonner. Elle en avait fait une dépression qu'on avait guérie par une cure de sommeil, très à la mode à l'époque. Le traitement avait été très efficace, mais au réveil c'est le mari qu'elle avait oublié ! Personne n'était dupe, sauf ma mère, qui l'était ou a fait semblant de l'être, baptisée par ses fils à l'occasion « bobonne ».

Les rapports de mon père avec ses deux fils aînés n'ont pas été faciles. Jean a raté l'internat, ce qui ne l'a pas empêché, par la suite, de faire une belle carrière de gastro-entérologue, mais a sûrement, sur le moment, contribué à son sentiment d'infériorité provisoire. Simon était devenu un homme, mais le retour à Paris ne lui a pas réussi mieux qu'à moi ; il se levait au grand dam de mon père en fin d'après-midi pour mettre un smoking et sortir dans le grand monde. À peine s'ils échangeaient entre eux. Un jour où les deux frères évoquaient chacun leur Vercors, mon père franchit la porte en disant : « Je vois que vous avez fait Verdun ! » Cela donne le ton.

Un élément est venu troubler davantage la réorganisation familiale.

En septembre 1942, mon père avait opéré un petit garçon polonais de huit ans, Michel Brustowski, dont il avait appris, au moment de le laisser sortir, que les parents, à la tête d'une petite entreprise de textile, avaient été arrêtés. Dans une dernière lettre, passée en fraude de Drancy, les parents lui confiaient, avec le premier, leur second fils de dix ou onze ans. Il ne manquait que cette responsabilité inattendue sur la tête de cet homme solitaire et lui-même menacé. Il a d'abord gardé les deux enfants dans l'orphelinat de l'hôpital, puis les a confiés, jusqu'à la Libération, à la gardienne de leur immeuble. Il avait alors envisagé – rien de moins – de les recueillir à la maison. C'est un acte d'une incroyable générosité, après un acte de grand courage. Ma mère, pour une fois, a refusé net.

Paul et Michel ont donc continué à vivre chez eux, jusqu'à ce qu'après le bac de Paul, l'aîné, mon père leur achète un petit appartement près de la porte Champerret. Mais jusque-là, Paul et Michel venaient toutes les semaines et les jours de congé à la maison, et c'était moi, vu leur âge, qui étais chargé de m'en occuper. J'étais prié de ne pas leur faire sentir « la différence des conditions ». Paul était sociable, désireux d'accepter ma sympathie ; Michel était mutique, enfermé sur lui-même, insaisissable. Paul cherchait à s'habiller comme moi, à mettre les mêmes cravates, Michel rougissait de malaise à chaque parole. Mon père en avait acquis la tutelle et passait des soirées à écrire à tous les organismes susceptibles de l'aider à leur constituer à chacun un petit capital. L'adolescence, c'est-à-dire pour moi les filles et la littérature, a contribué à nous séparer. Paul est devenu expert-comptable chez un notaire du Havre ; Michel a tout raté, le bac, une école de bâtiment, pour finir par s'évanouir dans la nature. Paul s'est marié avec une infirmière et a réussi sa vie professionnelle et familiale. Il nous écrivait régulièrement pour Noël, jusqu'à la mort de mon père, des lettres chaleureuses.

J'ai retrouvé il y a quelques années son fils, professeur de droit à Rennes, qui m'annonçait sa mort. Le plus curieux est que, Paul s'étant converti, il a élevé son fils en catholique, prétendant qu'ils descendaient d'une vieille famille aristocratique de Pologne, jusqu'à ce que son fils retrouve dans la foulée de 1968 son identité juive et s'en fasse une cause militante. J'ai reçu de lui, quand Edgar Morin a été, pour un article du *Monde* attaqué pour antisémitisme, un article furieusement engagé contre lui, que je n'ai pas publié. Il a dû m'en vouloir.

Un événement a manqué provoquer, dans la famille, un véritable conflit. À l'automne de 1947, mon père a été sollicité par Xavier Vallat comme témoin en défense à son procès. C'est à cette occasion que nous avons appris leurs anciens et leurs récents rapports, qui ont fait l'effet, sur ses deux fils sortis de la Résistance, d'un coup de tonnerre dans un ciel déjà peu serein.

Il faut imaginer l'atmosphère de l'époque, la révélation des camps de la mort, le résistantialisme général. La seule idée que mon père puisse aller défendre l'un des hommes dont le nom était mêlé à des images d'horreur paraissait impossible. Une ombre vague se mettait à planer. À l'hôpital Rothschild, considéré depuis la création du camp de Drancy, en avril 1941, comme le réservoir et le dépotoir du camp de concentration, pouvait-on avoir survécu trois ans sans se compromettre un peu ? Avait-il été lui-même aussi résistant que le prouvait sa proximité avec Robert Debré et le réseau que celui-ci avait créé ? J'ai su, bien plus tard, par les infirmières de son service, en particulier Colette

Brull-Ullmann, interne à l'époque[1], que mon père avait été au contraire de ceux qui, pied à pied, s'acharnaient à sauver les malades d'un retour au camp, à les garder plus que nécessaire, à les faire fuir par un réseau interne constitué par les chefs de service. Mais sur le moment, on n'en savait rien. C'était encore une époque où l'on n'interrogeait pas ses parents, et mon père était resté très discret, par tempérament, sur tous les dangers courus, dans la Seconde comme dans la Première Guerre.

Il mesurait donc ce qu'il risquait auprès des siens, dans son milieu. Ce fut sûrement son cas de conscience le plus douloureux. J'entends encore ses pas, la nuit, de l'autre côté de la cloison de ma chambre, arpenter le couloir, avec, j'imagine, son mégot à la bouche. Et finalement, il y est allé !

Rétrospectivement, je le comprends et je l'approuve, sachant mieux qui était Xavier Vallat par la biographie que lui a consacrée Laurent Joly[2]. Et je l'admire pour son courage. Mais sur le moment, quelle responsabilité !

Mon père nous avait assuré qu'il avait fait, pour l'essentiel, une déclaration d'ancien combattant. À la lecture de sa déposition, qui devait paraître

1. Une plaque a été apposée en son honneur, ainsi qu'à Claire Heyman, alors assistante sociale, sur le mur de l'hôpital Rothschild en 2007.

2. Laurent Joly, *Xavier Vallat. Du nationalisme chrétien à l'antisémitisme d'État, 1891-1972*, Grasset, 2001.

plus tard dans les comptes rendus des débats, c'est moins clair. Il a raison de dire pour Vallat que « ni la question raciale, ni la question religieuse ne pouvait être soulevée contre les israélites français ». C'est déjà à demi-vrai de prétendre que « Xavier se considérait certainement comme obligé de défendre les israélites français et en particulier ces anciens combattants qui pour lui ne devaient pas être dissociés de la communauté française ». Et c'est sans doute faux, ou du moins très exagéré, d'affirmer que « par lui j'ai pu connaître la date de certaines grandes rafles et en particulier celle du 16 juillet 1942, indiscrétion voulue par lui et qui nous permit de sauver environ dix mille israélites ». Une affirmation qui provoqua le sursaut de l'accusé et de son avocat, dont la défense consistait à prétendre que, déjà sur la touche, il n'avait pas été prévenu par René Bousquet de la rafle du Vél' d'Hiv. Même en partie fausse, cette déclaration a cependant été surexploitée par les amis de Vallat, que mon père, je crois, n'a jamais revu[1].

Le fond de l'affaire est que Gaston Nora est un patriote français typique des derniers représentants du franco-judaïsme. Mais il est allé un peu

1. Xavier Vallat a été condamné à dix ans de prison dont il n'a fait que deux. Libéré sous condition par René Mayer en 1949, il a recouvré toute sa liberté de mouvement en 1952. Il est mort en 1972.

loin dans cette attitude. L'idée qu'il se faisait de sa généalogie, du nom de la famille, et du judaïsme lui-même le prouve assez.

La généalogie qu'il avait été obligé de faire établir en 1940 pour avoir l'autorisation d'exercer lui avait appris que nous descendions d'une famille Aron installée à Hellimer, un village de Moselle à la frontière de la Lorraine et de l'Alsace. Famille attestée depuis la moitié du XVIIe siècle mais probablement enracinée depuis plus longtemps dans le domaine du roi Stanislas Leczinski, un monarque tolérant et prince possessionné d'Alsace. Il avait autorisé à demeurer à Hellimer les quatre familles juives qui y vivaient depuis plus d'un siècle. Quand Napoléon, par décret, fait obligation aux Juifs de s'inscrire à l'état civil, Moïse Aron (1749-1813) demande l'autorisation de s'inscrire sous le nom de Nora pour lui-même et ses quatre enfants, Aaron, Elias, Salomon et Ève. C'était donc l'arrière-grand-père de mon père. Le retournement de nom, à l'époque, était une pratique classique. À Hellimer même, Berger est devenu Reberg, Barack s'est inscrit Raback, Samuel s'est fait Léumas et Jacob Cajob.

Mon père a vécu persuadé que la démarche était destinée à franciser la lignée familiale. Hypothèse absurde, doublement absurde. Si c'était le cas, l'ancêtre se serait fait appeler Naura ou Norat, comme une partie de la famille, d'un nom à consonance française. De plus, dans une bourgade où restaient groupées quatre familles juives, comment dissimuler son identité religieuse ?

C'est l'inverse. Dans le cas de Moïse Aron-Nora, comme il est écrit sur sa tombe que je suis allée voir au vieux cimetière d'Hellimer, la permutation des lettres avait au contraire valeur de réenracinement religieux. Cette vieille tradition de l'exégèse biblique prend dans son cas une signification sacerdotale, Nora signifiant en hébreu « le redoutable », « le terrible », accolé comme attribut à l'essence divine. Avec ce nouveau patronyme, Aron-Nora opère un retour aux sources et aux origines bibliques, mais un retour compréhensible des Juifs seuls et non détectable par un regard extérieur.

La légende familiale voulait que mon grand-père, Cerf-Charles, soit parti seul, à quinze ans, pour de mystérieuses raisons, au Brésil, d'où, fortune faite, il était rentré épouser ma grand-mère Adélaïde Mayer. J'avais quatorze ans quand elle est morte. Mais cette Adélaïde me paraît n'avoir eu d'intérêt que d'être la mère de mon père.

La vérité est plus prosaïque, bien qu'étrange. Depuis les années 1820, une colonie de Nora était allée s'installer à São Paulo, où elle devait créer une marque de bijouterie appréciée, puisqu'elle a essaimé à Rio et à Pernambouc avec même une rubrique dans une gazette qui indique les arrivées et les départs des membres du clan. Cerf-Charles (1837-1931), mon grand-père, est donc parti, en effet, à quinze ans, avec deux de ses frères, et ne semble pas avoir laissé une grande trace personnelle. Il est revenu après la guerre de 1870, et ne me paraît pas non plus avoir laissé à Paris un souvenir impérissable. L'homme qui a fait « décoller » la famille, c'est bien mon père, Gaston.

Sa conception du judaïsme n'était pas moins franco-centrée. Elle était appuyée pourtant, je l'ai dit, par un historien médiéviste de valeur, Louis Halphen, coauteur de la célèbre collection « Peuples et civilisations » d'Halphen et Sagnac dans laquelle les étudiants de ma génération ont appris l'histoire.

La thèse va très loin. Elle consiste à dire que c'est par le jeu des conversions et non par une immigration dont il n'existe aucune trace avant des temps très rapprochés du nôtre que s'est constitué le judaïsme français. Les Juifs ne seraient donc pas des Sémites arrivés de fraîche date, mais des Gallo-Romains gagnés comme les chrétiens à une religion orientale. Halphen s'appuyait notamment sur une lettre de saint Martin venu évangéliser la Gaule et disant qu'il avait trouvé des païens déjà gagnés au Dieu unique.

Conclusion de Gaston : les Juifs alsaciens et lorrains n'étaient nullement venus de l'Est, mais étaient des Juifs refoulés du royaume de France au fur et à mesure des expulsions et des agrandissements du royaume. Nous étions donc des Gaulois !

C'était peut-être, comme on dit, pousser le bouchon un peu loin.

Il n'empêche. C'est certainement cette obstination assimilatrice qui lui inspirait une pareille ambition pour ses fils. Simon était appelé aux plus hautes fonctions de l'État, Jean devait devenir un médecin des hôpitaux, chef d'un grand service, et moi, il me voyait comme un petit Marcel Proust, qu'il avait du reste essayé de lire, sans y rien comprendre.

Simon l'a déçu. Il avait alors reporté toute sa confiance sur Jean, qui la méritait par son talent de médecin et ses qualités de chaleur et d'humanité. Mais s'il avait pu voir la progéniture de son fils aîné grandir, Fabrice patron de presse, Constance patronne de la Fondation du Club Méditerranée et paysagiste éminente, Sylvie chirurgienne-dentiste et mère exemplaire de quatre enfants plus attachants les uns que les autres, Dominique rédactrice en chef puis grand reporter à l'*Observateur*, Olivier grand éditeur de Grasset, il aurait bien vu qu'à travers Simon il s'était fait le fondateur d'une famille au rayonnement enviable.

J'ai raté d'être Proust et mes ambitions ont été plus modestes. Mon père n'a pas pu voir la Cour des Hayes, qu'il pensait devoir être vendue à sa mort, resplendir de tout son éclat et désormais entourée de quatre maisons familiales qui composent un phalanstère. Il est mort trop tôt pour connaître l'existence des *Lieux de mémoire* et du *Débat*. Il n'a pas pu connaître non plus mon fils, Elphège, né d'une relation amoureuse avec une professionnelle de l'édition, Josyane Magniant, pendant les intermittences du cœur avec Gabrielle et appelé à devenir un brillant biologiste. Il n'a pas pu, enfin, assister à l'entrée du dernier de ses fils à l'Académie française, ce qui pour lui aurait été le Graal.

C'est pourtant avec moi, son enfant le plus jeune, qu'il a connu, j'ose le dire, les rapports les plus simples et les plus détendus. Sans doute parce que mes jeunes années ont coïncidé, après des décennies si difficiles, avec la plus belle période de sa vie : la paix enfin, une éclatante réussite professionnelle, une vraie aisance de vie et, malgré tout, de bonnes raisons de fierté familiale. À cause de notre différence d'âge, il a eu avec moi des rapports de grand-père plus que de père ; de grand-père affectueux, confiant, parfois presque complice. C'est lui qui m'a appris à jouer aux échecs, et je me souviens des longues après-midi sous les tilleuls, de ces heures passées à se parler sans se parler.

Il nous est arrivé, après la mort de ma mère et mon divorce d'avec Françoise, de partager de longs moments à la campagne, avec des promenades en forêt et des soirées en tête à tête à nous raconter nos histoires. Des miennes, il concluait souvent d'une phrase qui me semble aujourd'hui exprimer la vérité des choses : « Somme toute, tu n'as jamais rien fait comme les autres. »

Des siennes, l'une m'a toujours beaucoup ému. Au premier jour du port obligatoire de l'étoile jaune, quand il est sorti de l'immeuble pour se rendre à pied à l'hôpital, la gardienne s'est exclamée : « Oh, vous, un monsieur si bien ! » Quelques pas plus loin, en montant la rue de Miromesnil, il croise une belle inconnue à l'étoile jaune, bouleversée. Leurs regards se rencontrèrent. Trente mètres plus loin, tous deux se retournent et, après un instant d'hésitation, courent l'un vers l'autre, pour s'étreindre un long moment. Puis chacun repartit de son côté, sans avoir échangé un mot.

L'ÉCHEC À NORMALE

J'ai échoué trois fois au concours d'entrée à l'École normale. Pour une seule et forte raison : tout en voulant passionnément réussir, j'ai tout fait, plus ou moins consciemment, pour n'y pas parvenir. Et pas à l'oral, dès l'écrit ! Tension nerveuse excessive, copies incomplètes, réactions somatiques disproportionnées.

L'École était sacralisée pour moi de toute éternité et promise à moi dès mon jeune âge par tout mon entourage. Je me souviens d'une soirée « historique », au retour à Paris, en troisième ou en seconde. Jacques Havet, un ami de mon frère Simon depuis Grenoble et qui, venant de publier chez Gallimard son mémoire de diplôme sur *Kant et le problème du temps*, passait pour le génie de sa génération, m'avait comme adopté. Il m'a offert ce soir-là ma première sortie au Quartier latin. J'en étais déjà enivré. *Les Raisins de la colère* aux Ursulines, dîner rue Thouin dans un chinois et pour finir détour par la rue d'Ulm où, très sérieux, il m'a fait mettre à genoux devant le portail en me disant : « C'est là que tu seras. » Plus tard, c'est un stagiaire d'agrégation au lycée Carnot, en fin de première, Jacques Guicharnaud, qui m'avait repéré pour une bonne copie sur *Bérénice* ; il m'avait emmené au bal annuel de l'École normale, présenté à des professeurs comme un de leurs futurs élèves et fait visiter les lieux en m'assignant presque déjà ma « thurne ». Simon m'avait fait lire *Dix-huitième année* de Jean Prévost[1]. J'avais même « intégré » auprès de mes camarades de classe, avant même de me présenter. J'ai encore dans mes oreilles leurs cris, quand j'entrais dans la salle des concours « ca-cique, ca-cique ! », autrement dit « premier », en vocabulaire normalien.

Et vlan ! La claque, le marasme, l'inquiétude et le doute sur soi qui ne m'ont plus jamais quitté, et pour tout dire l'inconfiance qui m'a accompagné toute ma vie.

Sans doute venait-elle de loin, cette inconfiance, d'une soif innée de trop bien faire ; mais l'échec à un pareil examen a un caractère net, concentré, radical. On n'a pas toujours, dans sa jeunesse, des occasions aussi précises d'être jugé, globalement et sur l'essentiel. Humilié jusqu'à l'os. C'est plus tard, bien plus tard que j'ai compris que je devais tout

1. Voir Jérôme Garcin, *Pour Jean Prévost,* posftace de Simon Nora, Gallimard, 1994.

à cet échec à l'École, sans lequel ma vie aurait été sans doute moins riche et moins intéressante.

Si je m'interroge après tant d'années sur cet accident, j'y trouve pourtant bien des raisons.

Il y a d'abord, je crois, le poids de la guerre, qui m'a fait bien différent de mes condisciples. Ce qui me confirmerait dans cette hypothèse est que la même aventure est arrivée à d'autres de ma génération, à commencer par mon ami de l'époque, Pierre Vidal-Naquet, dont l'œuvre a – Dieu sait – paru venir d'un super-normalien, et sur qui, il l'avoue dans ses *Mémoires*, l'échec à Normale a pesé toute sa vie. J'ai senti, dès le secondaire, la distance qui me séparait des élèves qui n'avaient rien vu de la guerre.

J'ai été attiré, jusqu'à la fascination, par un milieu intellectuel, celui des normaliens, un entourage, un type de culture qui m'étaient à la fois proches et pourtant étrangers. De jeunes gens brillants mais qui ne s'étaient jamais heurtés aux réalités les plus brutales de la vie et de l'époque, qui n'avaient pas vécu la peur au ventre, qui n'avaient rien vu des meurtres sauvages et des horreurs nazies. Et du même coup, cette culture apprise, suprêmement scolaire, d'une extrême sophistication, et comme hors sol, planant dans les hauteurs d'une rhétorique, pour ne pas dire d'une mystique verbale, j'ai voulu férocement me l'approprier sans réussir à l'habiter. Plus tard, elle m'apparaîtra, à Henri-IV comme à Louis-le-Grand, l'extrême pointe émergée d'une tradition de pensée très française, enfermée dans sa reproduction depuis Victor Cousin, le normalien type, auteur célèbre de *Du Vrai, du Beau et du Bien.* De cette culture, dont j'ai écrit plus tard une parodie[1], je suis devenu, sur le moment, le modèle, le parangon, et c'est ce qui a fait de moi le collé éponyme de ma génération. Je suis même tellement passé pour le «jeune-et-brillant-normalien» que, lassé de proclamer *urbi et orbi* mon échec, j'ai fini souvent par laisser dire, pour ne pas décevoir, ou ne pas me donner le mal de démentir et d'expliquer. Après tout, quelle importance?

Phénomène significatif de cette non-adhésion, de cette distance, je suis arrivé à ne me reconnaître aucun «maître», cette catégorie type de l'appartenance à une tradition, décrite et commentée dans tous les souvenirs de normaliens. De bons professeurs, certes, pas des «maîtres». En philosophie, j'ai peut-être eu la malchance de tomber sur des acrobates verbeux dans la tradition d'Alain, dont Étienne Borne était le plus réussi, sans doute parce que sa philosophie s'ancrait dans un catholicisme sincère et profond.

Certes, Jean Beaufret, le grand introducteur de Heidegger en France, faisait-il passer sur la philosophie académique un souffle nouveau qu'il susurrait

1. Voir «Khâgne 1950», dans *Historien public, op. cit.*

plutôt qu'il ne le déchaînait. Sans être le « grand professeur » que sa petite secte de disciples en a fait, son empathie d'homosexuel à la voix sucrée le rendait proche des élèves, surtout de moi, qu'il avait fait sauter sur ses genoux à Grenoble. Il avait même, une fois, voulu m'emmener chez son grand maître, ce que mon père, qui voyait Heidegger avec raison comme un nazi, lui avait fermement refusé.

Beaufret ne parlait pas que de Heidegger, mais il en parlait beaucoup, peut-être trop. Car cette approche de la philosophie, à coup sûr toute nouvelle, consistait à porter sur la tradition philosophique et rationaliste un jugement qui la disqualifiait tout entière, puisqu'elle s'était détournée de la recherche de l'« être », du « pourquoi il y a quelque chose plutôt que rien ». Or, cette recherche, pour séduisante qu'elle fût, me paraissait insaisissable, sans fin, n'aboutissant qu'à déplacer le pourquoi du pourquoi dans un éternel questionnement dont mon camarade Derrida devait donner la plus belle des illustrations. Rien n'indiquait alors le soutien de Faurisson que Beaufret devait devenir et l'antisémitisme obsessionnel où il a sombré.

En histoire, les Monnier, les Portal savaient beaucoup, mais une histoire très lointaine et bien moins nourrissante que l'histoire d'à côté, celle des « Annales », qui relevait encore de ce que l'on appelait en khâgne la « culture perso », celle qu'on n'est pas obligé d'apprendre pour passer le concours.

Le seul auquel je conserve après tant d'années une profonde reconnaissance est Roger Pons, professeur de français qui m'a initié à Pascal, Voltaire et Chateaubriand par des cours d'une empathie et d'une intensité dignes de leurs sujets et par des corrections de copie aussi longues que la copie elle-même. Catholique fervent, président de l'association L'Anneau d'or, qui célébrait le mariage, il pratiquait le professorat de lettres avec une ferveur religieuse qui m'inspire, aujourd'hui encore, estime et admiration.

Mais, en fait d'amis, je m'en suis fait très peu. Des camarades, oui. Jacques Derrida, par exemple, dit Jackie, dont j'étais parfois le second quand il était premier en philosophie. Peut-être sa blouse grise nous privait-elle d'une vraie proximité, car un monde séparait les internes, provinciaux concentrés sur le travail, «la chiade», de nous autres Parisiens parfois déjà délurés. C'est pourquoi j'étais plus proche de Gilbert Dagron, par exemple, futur administrateur du Collège de France, mais à l'époque compagnon de ski l'hiver et de pirogue sur la Seine en été. Ou de Philippe Verdier, américanisant qui devait finir sa carrière à l'Institute for Advanced Study. Quant à Michel Deguy, déjà poète et joueur de tennis au service implacable, il m'a fait approcher chez lui, à Neuilly, la brillante cohorte de ceux qui étaient déjà nos aînés, parfois déjà installés à l'École. André Tubeuf, par exemple, appelé à devenir musicologue et romancier, lequel vient de faire revivre ce monde de la khâgne dans *Les Années Louis-le-Grand*[1], qui m'ont replongé dans ces souvenirs. Régnait en seigneur sur cette petite bande un charmeur à la beauté féline, à la crinière bouclée, qui s'imposait par sa supériorité naturelle et son parcours de cacique, Gérard Granel. Ce brillant sujet est resté toute sa vie professeur à Toulouse, entouré d'une petite bande d'admirateurs, traducteur de Wittgenstein et Heidegger, pour finir assez tristement à soixante-dix ans alcoolique et drogué.

Malgré les apparences, je ne ressemblais pas au normalien type. J'ai probablement, trop vite, trop jeune, été happé par une vie sociale, une fréquentation d'adultes, par des milieux plus excitants que l'enfermement carcéral et la discipline lycéenne qu'exigeait la préparation au concours. Ne serait-ce qu'à la maison, rue La Boétie. La famille devait avoir quelque chose de spécialement attirant, un père accueillant, une mère généreuse, une table ouverte aux amis, une famille libérale, le rayonnement de Simon, et bientôt du couple qu'il formait avec Marie-Pierre de Cossé Brissac. L'ensemble aimantait beaucoup de monde : anciens copains de Résistance, comme Jacques-Francis Rolland, nouveaux amis qui préparaient le premier concours

1. André Tubeuf, *Les Années Louis-le-Grand*, Actes Sud, 2020.

de l'ENA, comme Jacques Duhamel ou Albin Chalandon. C'était un passage continuel de personnalités ; un mélange de talents naissants ou confirmés, de Merleau-Ponty à Roger Vailland, de Lacan à Jean-Jacques Servan-Schreiber et Françoise Giroud. On n'imagine pas ce que pouvait avoir d'effervescent cette époque marquée justement par le mot « libération ». Mendès France venait parfois avec sa femme déjeuner ou dîner à la maison. À l'époque, quand on n'était pas communiste ou gaulliste, on ne pouvait être que mendésiste.

C'est encore Simon, toujours fier de son petit frère, qui m'avait introduit auprès de Roger Stéphane, auréolé de la gloire d'avoir délivré l'Hôtel de Ville en août 1944 et qui devait, en 1950, contribuer à la fondation du *Nouvel Observateur*. Son grand appartement, en hauteur, place Vendôme, était, du fait de son entregent et de sa sociabilité, le rendez-vous hétéroclite de tous ceux qui comptaient, compagnons de Résistance, journalistes en vogue, politiques en vue, écrivains vedettes ; c'est là que j'ai rencontré pour la première fois par exemple Edgar Faure et croisé notamment Jouhandeau, dont on se demande ce qui l'amenait, si ce n'est la solidarité homosexuelle et le besoin de se faire pardonner son antisémitisme militant. Roger venait de publier *Chaque homme est lié au monde*, et vivait une grande passion avec un « jeune-et-brillant-normalien » – pour une fois la formule était juste –,

Jean-Jacques Rinieri, mort dans un accident de voiture deux ans plus tard. Roger m'a immédiatement pris en affection. Il m'encourageait beaucoup à écrire : « Tu n'échapperas pas à ton destin ! » Nous sommes restés proches longtemps, nous sommes perdus et retrouvés, quand il dirigeait une agence d'images, à l'occasion de l'admirable documentaire qu'il a réalisé du livre de Georges Duby *Le Temps des cathédrales*. Je garde un triste souvenir de sa fin ; c'est lui qui n'arrivait plus à écrire, radotait ses rencontres avec de Gaulle et Malraux, hantait les couloirs de Gallimard en quête d'un contrat. Ruiné, atteint d'un cancer, il s'est tiré en 1994 une balle dans la tête avec son revolver de la Résistance.

Ce qui a, cependant, le plus contribué à m'éloigner de l'univers normalien, c'est le « trio » infernal, que dis-je, la « conjuration » que nous formions avec deux amis à forte personnalité que j'ai connus à ce moment-là et dont, avec des hauts et des bas, je suis resté proche toute leur vie : André Fermigier et Jean-François Revel, qui s'appelait encore à l'époque Ricard.

André était un ami de Jacques Guicharnaud et formait, avec Jean-Bertrand Pontalis, dit JB, une bande de jeunes agrégatifs ou agrégés, de six à huit ans mes aînés. J'ai rencontré André au bal de l'École normale. Il m'a tout de suite enveloppé de son amitié amoureuse dont je faisais semblant de ne pas vouloir comprendre la nature et qui, chez lui, ne voulait pas encore s'avouer. Ses lettres, presque quotidiennes, étaient pourtant brûlantes : « Mon petit Pierre, j'ai reçu hier matin ta lettre si longuement attendue et je l'ai trouvée si belle que d'abord je ne voulais pas lui répondre... ». Et dans une autre, au retour d'Alexandrie, l'année suivante : « Tu m'as fait revoir Paris, je voudrais le revoir avec toi, te voir chaque jour. » Esthète, amateur d'art devenu, après un long séjour en Italie, historien de l'art et critique d'un talent exceptionnel, André a joué un rôle inégalé dans ma formation intellectuelle, artistique et littéraire. Il m'a fait lire Proust comme s'il était Proust lui-même, un Proust hélas inabouti ; il m'a mis entre les mains Focillon, Élie Faure, Émile Mâle. Ce qui frappait le plus chez cet homme de moins de vingt-cinq ans, proche de Jean Cocteau, c'était la profondeur de la culture classique, l'autorité du jugement et, hélas, un terrible ressentiment social chez ce fils de postier à la retraite vivant avec malheur une sexualité qu'il se reprochait à lui-même. Les concessions à la société commençaient pour lui à la détention d'une 2 CV Citroën. Je le voyais finalement peu, puisque après Alexandrie et avant Florence il est parti un an ou deux à Copenhague. Mais je tiens de lui une correspondance qui mériterait publication si ses colères, homériques, et son art de se brouiller avec tout le monde et avec lui-même ne l'avaient empêché de se faire connaître davantage.

Un soir de retour d'Italie, pour ne pas me quitter sans doute, il m'a dit : «Je dois dîner avec un ami de Florence. C'est un normalien un peu lourd, un peu badaud, mais il a une qualité : "il m'écoute!"»

Le badaud était Jean-François Revel. C'était alors un échappé de l'École normale où il avait été reçu en surnombre, le dernier reçu s'étant désisté. Il était alors en rupture de ban avec tout, sa famille de Marseille, l'université, et même la France, errant d'une année à Alger à une autre à Mexico, pour se fixer à Florence et «écouter» André, à qui ses premiers livres devront beaucoup, *Sur Proust* et *Pour l'Italie*, notamment.

Ceux qui n'ont connu que le Jean-François des années de *L'Express* ne peuvent s'imaginer le jeune homme truculent, à la voracité intellectuelle ravageuse, amoureux de la vie, nature boulimique habitée d'un formidable appétit de tout : d'idées, d'histoire, de poésie, d'amitié, mais aussi, hélas, déjà, de bonne chère et de bon vin dont il a abusé jusqu'à se ruiner sauvagement la santé. Mais quelle tonicité! Autant André a été réticent et n'a su donner la mesure de ce qu'il aurait pu être que dans de courtes monographies sur Picasso, Millet, Toulouse-Lautrec et surtout des articles étincelants mais dispersés, qu'après sa mort prématurée en 1988 j'ai réunis en trois volumes, *La Bataille de*

Paris, *Chroniques d'humeur* et *La Bonne et la mauvaise peinture*; autant Jean-François a su vite et fort s'affirmer comme un des écrivains les plus brillants et le polémiste le plus jubilatoire de sa génération. Que l'on songe seulement à cet éblouissant feu d'artifice qui a fait en cinq ans, de 1957 à 1962, pétarader coup sur coup *Pourquoi des philosophes*, *Pour l'Italie*, *Sur Proust*, *Le Style du Général*, *La Cabale des dévots*. Un punch du tonnerre!

Pendant quelques années, nous ne nous sommes quittés que pour nous écrire. Il est certain qu'ils ont joué, tous les deux, un grand rôle dans mon hostilité à la culture normalienne. Jean-François revenait chaque année de Florence pour présenter l'agrégation de philo où, chaque fois admissible à l'écrit, il se faisait régulièrement coller à l'oral. Nous communiions dans une même détestation du conformisme culturel, et sans doute de tous les conformismes. Il y avait, entre nous, une forme de marginalité rebelle assez juvénile puisque deux d'entre nous devaient finir à l'Académie française et le troisième, décoré de la Légion d'honneur par un sympathique ministre de la Culture, Michel Guy, la portait jusque sur ses pyjamas. Mais à l'époque, André, si j'étais reçu à l'École, me menaçait de mort. «La plume à la main, plutôt, et en vitesse!»

La plume ou l'École, écrire ou enseigner, être soi ou être comme les autres, là était le dilemme. C'était idiot, mais c'était ainsi. J'étais lancé dans un roman proustien à la mode Nouveau Roman, dont le titre disait le contenu, *La Préoccupation*.

La Préoccupation, c'était l'histoire d'un jeune homme à la recherche de lui-même, l'expression d'une errance intellectuelle, d'une curiosité qui ne trouvait pas son objet, d'une inquiétude qui gagnait jusqu'à son entourage, une tentation multiple et vagabonde, qui se nourrissait de l'idée de partir, de s'installer dans un autre monde pour y faire de l'ethnologie.

Il faut dire que les sciences humaines naissantes, qui ne portaient pas encore à l'époque ce nom générique, entretenaient alors un lien étroit avec la littérature. Le Michel Leiris de *L'Âge d'homme* qui fut lu après guerre et *Tristes Tropiques*, qui venait de paraître, en étaient la démonstration. J.-B. Pontalis lui-même, duquel j'étais très proche à l'époque, qui venait de passer l'agrégation de philosophie et faisait une psychanalyse avec Lacan, avait une conception très littéraire de la psychanalyse, la suite l'a prouvé. Il me poussait dans cette démarche, en me disant qu'elle m'aiderait à me sortir de ce bourbier de jeunesse. Ce que j'ai commencé à faire avec un psychanalyste de bonne réputation. Il m'a paru un sympathique farceur qui, au bout de quelques séances, a prétendu que j'avais l'« inconscient trop retors » pour lui. Sous l'influence de Jean Laplanche, un ami de la bande qui considérait que la psychanalyse sans médecine était fragile, j'ai même voulu m'attaquer à l'année préparatoire de la médecine, qu'on appelait alors le PCB («physique, chimie, biologie»). Mon père m'a assuré que ce n'était certainement pas ma voie, et je me suis vite rendu compte que les bases mêmes me manquaient.

Il fallait quand même se décider. Tout le monde autour de moi m'assurait que le meilleur moyen de sortir éventuellement de l'enseignement était d'acquérir les titres pour y entrer, autrement dit l'agrégation. Mais quelle agrégation? Lettres, philosophie ou histoire? Les lettres me paraissaient le meilleur moyen de s'enfermer dans l'histoire de la littérature pour ne pas en faire soi-même.

La philo? J'avais une licence de philosophie; j'ai dû en lire et en apprendre un peu, mais sans retenir grand-chose. De ma fréquentation sorbonnarde, je garde des souvenirs plutôt comiques. On parlait de l'autorité intellectuelle de Jean Wahl, j'ai voulu la constater. En réalité, il lisait d'une voix monocorde des articles de lui déjà publiés. Philippe Verdier m'avait accompagné et prenait furieusement des notes. Wahl l'a fait venir du doigt à la fin du cours pour lui intimer : «Monsieur, je vous serais reconnaissant de faire votre courrier ailleurs que pendant mon cours.» Au jury du certificat de morale et sociologie, Vladimir Jankélévitch, dont j'ignorais tout, me fit tirer un petit papier sur lequel était marqué : «L'entre-deux». Devant mon égarement, il avait eu la bienveillance de m'autoriser à en tirer un autre : « Le pas encore et le déjà plus ». C'était joli, musical, mais ne correspondait à rien de ce que j'avais appris. J'ai dû m'arracher quelques propos mal en ordre sur la mort qui m'ont évité d'être recalé. Mais dans tout cela, rien d'engageant.

Je partageais sur la philosophie française le regard de Jean-François Revel dans *Pourquoi les philosophes*, qui date précisément de cette époque (1957). Je le retrouve dans ma bibliothèque pour découvrir avec amusement la dédicace : « Pour Pierre, qui écrit sous le nom de Jean-François Revel. » J'ajoute que je ne me sentais pas l'esprit philosophique. Alors l'histoire ? Je ne m'y sentais pas non plus particulièrement porté par l'enseignement que j'avais reçu. Mais ce choix par défaut me paraissait un moindre mal.

Et puis l'histoire était en train de changer. Fernand Braudel, président du jury, contribuait à donner à l'agrégation d'histoire un lustre qui supplantait celui qu'avaient eu autrefois les lettres, puis la philosophie. C'était l'agrégation montante. Flottait autour d'elle un air de nouveauté.

La lecture des *Annales*, que je suis allé survoler de bout en bout à la Bibliothèque nationale, m'a ouvert des horizons intellectuels excitants. Je me souviens d'articles comme celui de Fernand Braudel sur « L'or du Soudan » qui, dans cette salle Labrouste d'immobile solennité, faisait tout à coup souffler le grand vent de l'histoire. Je prenais conscience de l'immensité de mes ignorances. J'étais soudain saisi de la profondeur du temps, de l'intérêt des longues durées, de l'apport de tant de savoirs positifs, loin du verbeux des lettres et de la philosophie. Certains chefs-d'œuvre comme *La Civilisation de la Renaissance en Italie*, de Jacob Burckhardt, ou *Le Déclin du Moyen Âge*, de Johan Huizinga, ont contribué à me donner un appétit d'historien. Ils infusaient le sentiment de la relativité des temps et poussaient à vouloir comprendre la spécificité du nôtre. Je respirais tout à coup l'air d'une autre histoire que celle que les manuels m'avaient apprise. Une histoire à horizon anthropologique, quelque chose de noble, de profond et de grand.

Un homme assez inattendu a joué presque malgré lui à ce moment-là un rôle déterminant dans mon orientation. Il avait été l'historien du jury de l'École normale. Je l'ai abordé un jour dans les couloirs de la Sorbonne pour lui demander s'il pensait que je pouvais, collé à l'École et pourvu d'une licence de philosophie et de lettres, préparer une agrégation d'histoire. Ces transferts à l'époque n'étaient pas coutumiers. Loin de s'offusquer de mon audace, il m'a accueilli avec une gentillesse qui tranchait avec la hauteur des mandarins habituels. Victor-Lucien Tapié se faisait remarquer par sa distinction un peu affectée, sa belle et longue crinière blanche, des traits d'une finesse presque féminine. Je me suis attaché à cet homme qui combinait érudition et culture générale, connaissait aussi bien Chateaubriand que les mondes slave et latino-américain, et achevait à l'époque un ouvrage de qualité, *Baroque et classicisme*.

La mode était alors aux études sur l'opinion. René Rémond achevait une thèse sur *Les États-Unis devant l'opinion française, 1815-1852*. Tapié m'a donné pour sujet de mémoire : « L'opinion française et la Russie de 1815 à la crise d'Orient de 1840 ». Custine, l'auteur de *La Russie en 1839*, a été pour moi l'équivalent de Tocqueville pour René Rémond, à qui Tapié avait confié l'appréciation de mon mémoire. Ce fut l'occasion de notre première rencontre. Rémond a joué ensuite un rôle important en plusieurs occasions de ma vie. Il m'a accepté comme assistant à Sciences Po sous l'autorité de Pierre Renouvin ; il m'a recommandé aux Hautes Études pour « couvrir » l'histoire contemporaine ; il a préfacé le *Journal du septennat* de Vincent Auriol quand j'en établissais l'édition critique avec mon ami Jacques Ozouf. Il m'a reçu à l'Académie française où il était entré deux ans plus tôt, non sans me demander si je ne désirais pas poser ma candidature avant la sienne. C'était d'une élégance suprême et inattendue.

Quand est arrivée l'heure de la préparation à l'agrégation, Tapié, paternel et vigilant, m'a envoyé voir deux autorités chacune dans leur domaine. Un géographe, puisque l'agrégation était alors d'«histoire et géographie», Jean Dresch, personnalité du monde communiste à l'époque, et par principe peu favorable à un jeune bourgeois incertain de lui-même; un médiéviste, Charles-Edmond Perrin, déjà âgé, ancien élève de Marc Bloch et directeur de la thèse de Georges Duby. Les deux m'ont beaucoup impressionné. Dresch, bel homme de haute taille, avait grande allure en évoquant sa traversée à pied de l'Afrique du Nord, de Tunis à Marrakech. Charles-Edmond Perrin, qui habitait rue de Navarre, au-dessus des arènes de Lutèce, était d'une grande bienveillance et m'a proposé, pour m'éprouver, un mémoire annexe qui m'entraînait vers des contrées pour moi inconnues : «Les thèses sur les causes de la première croisade».

Les deux m'ayant généreusement adoubé, je me suis lancé.

On m'avait conseillé de m'agglomérer à un groupe. Le plus homogène et déterminé était celui des étudiants communistes qui se réunissaient rue Férou. Dresch m'y avait introduit. Il y avait là des personnalités appelées à jouer un rôle au Parti communiste, comme Pierre Juquin ou d'autres plus périphériques, comme Alain Joxe, le frère de Pierre, alors marié à Françoise Mallet-Joris. Il n'y avait là rien d'extraordinaire. L'air du temps intellectuel, à l'époque, était au communisme. Tous mes amis appartenaient au Parti, même Emmanuel Le Roy

Ladurie que son naturel ne paraissait pas porter de ce côté-là. J'avais été, pour ma part, immunisé par l'influence éclairée de mon frère Simon.

C'est à l'une des séances de travail que François Furet est venu nous faire un exposé sur « Tocqueville, penseur de la bourgeoisie ». Quand on songe rétrospectivement au rôle de Tocqueville dans le parcours futur de François Furet, il est assez comique de l'avoir entendu commencer par une critique marxiste de Tocqueville. Avec son col roulé noir et ses paupières déjà battues, il venait lui-même de passer le concours au retour du sanatorium. Son ironie, son élégance naturelle et son sourire charmeur m'ont tout de suite séduit. Je ne sais pas comment nous nous étions repérés, toujours est-il que nous sommes allés boire un verre et discuter. C'est ainsi qu'a commencé une amitié qui a duré toute la vie, et tant compté pour moi. Il m'a invité une ou deux fois chez lui, où j'ai rencontré Jeannette, divorcée de Jean Chesneaux, un autre historien communiste spécialiste de l'Asie. Puis c'est lui qui est venu chez moi, et dans l'escalier nous sommes tombés sur ma sœur. Et le voilà revenu rue La Boétie, jusqu'à ce que secrètement commence entre eux une aventure qui les a conduits au mariage. François Furet est devenu mon meilleur ami, mon grand frère supplétif. Il y avait à l'époque nous deux, et le reste du monde, excepté Jacques et Mona Ozouf, tout jeunes mariés.

Je ne savais pas encore combien chacun d'eux me deviendrait proche. Jacques, dit K-jo, auquel je dois l'admirable *Nous les maîtres d'école* dans la collection « Archives » et avec lequel je me suis lancé dans l'aventure de la publication en sept volumes du *Journal du septennat* de Vincent Auriol. Mona, qui partageait mes intérêts intellectuels, à laquelle m'ont lié une communauté de travail et une amitié que le temps n'a fait qu'approfondir et que la disparition précoce de François et de K-jo a laissée seule témoin de nos jeunes années.

Une curieuse amitié, à vrai dire, que celle qui m'a lié à François Furet, fraternelle, constante, intime, à nulle autre pareille, et cependant paradoxale. François n'a rien apprécié de ce que j'ai pu accomplir à part *Les Français d'Algérie*, l'essai que j'ai publié au retour de deux ans d'enseignement à Oran. Il se moquait de la collection « Archives » qu'il appelait joliment « le râteau à cons ». Quand j'ai travaillé sur Lavisse, puis sur le *Journal* d'Auriol, il ne cessait de parler de mon goût tout spécial pour les personnages mineurs. Il n'a rien compris aux *Lieux de mémoire*, pour lesquels il a écrit, par amitié, en se faisant prier, un article à côté du sujet. Et pourtant, en dépit de sa mauvaise conduite avec ma sœur et son fils au moment de leur séparation, il est resté mon meilleur ami. Ou presque. Faut-il que son charme ait été irrésistible !

La préparation à l'agrégation m'avait fait retrouver

mon vieil ami Pierre Vidal-Naquet. Dans ses *Mémoires*, il ne cache pas son «déplaisir» à me voir arriver sur ce qu'il considérait comme son domaine. C'est honnête. Mais ce que ce paranoïaque ne dit pas, c'est que son «déplaisir» était allé jusqu'à envoyer à un petit groupe d'amis que je m'étais faits autour d'une sympathique agrégative d'origine arménienne, Anahide Ter Minassian, des lettres anonymes pour les prévenir de se méfier de moi, qui allais jusqu'à déchirer à la Bibliothèque nationale les pages de livres utiles pour le concours. Quel animal! C'était pourtant le même homme qui peu après sortait, en 1957, son petit livre sur *L'Affaire Audin*; je le revois le distribuer boulevard Saint-Michel, bravant courageusement les nervis qui lui tapaient dessus. Étrange bonhomme, au caractère dostoïevskien...

Étrange, je ne l'étais pas moins. Je m'attachais de plus en plus à l'histoire, comme si elle me permettait, par la fédération des disciplines, par la conjugaison des regards, de réunir les différents mondes qui m'habitaient; mais en même temps, la perspective d'un nouveau concours déclenchait en moi des phobies d'échec. J'admirais la décision de mon ami Philippe Garcin, que j'avais connu en khâgne et qui comme moi avait été collé à Normale alors qu'il écrivait déjà des essais publiés par Paulhan dans la *NRF*. Il s'était refusé à jouer le jeu des concours et s'était engagé, en travaillant aux PUF, dans la voie où je n'allais pas tarder à le suivre. Moi, je m'accrochais à ce concours comme un homme dont la vie en dépendait. Arrivé tard à l'histoire, je me pardonnais – mal – mon premier échec, mais la seconde fois, c'était la mort ou la vie. Rien d'étonnant à ce que, dans le mois qui a précédé le concours, commence un eczéma qui, mal soigné, avait fini par m'envahir presque tout le corps et m'a mené dix jours à la Fondation Rothschild, où un grand dermatologue cul-de-jatte, ami de mon père, s'est promis de me mettre en état d'affronter le concours. J'y accédais enfin.

À l'oral, à la «grande» leçon d'histoire ancienne (six heures de préparation, une heure de conférence), au moment où je m'envolais dans un sujet particulièrement inspirant – «Les ennemis de Démosthène après la bataille de Chéronée» –, j'entendis derrière moi les craquements de pas des chaussures noires du haut fonctionnaire. Je me retourne, c'était mon frère Simon, complet croisé au milieu d'étudiants débraillés qui venait gentiment soutenir son petit frère. Ma voix s'est brisée, je l'aurais tué. Simon, à l'époque, était bien connu pour son action auprès de Mendès France. *Paris Match* avait plusieurs fois publié sa photo à la une. Je me souviens encore du regard étonné du président du jury, André Aymard, suivi du regard de tous ses collègues. Je m'étranglais, m'enfonçais dans le silence, jusqu'à ce que, reprenant mes dernières forces, et Aymard me disant de sa voix nasale : « Continuez, Monsieur, continuez », j'entende Simon, comprenant qu'il m'intimidait, repartir – crac, crac, crac... – en faisant grincer ses chaussures sur le parquet. J'ai raté Démosthène après Chéronée, mais une note médiocre ne m'a pas empêché d'être reçu. Dans un très mauvais rang, mais reçu. Le martyre était derrière moi.

Le lendemain des résultats, on passait à « confesse ». Le président du jury vous indiquait le poste où vous aboutissiez à la rentrée. Une des premières mesures du général de Gaulle, revenu au pouvoir en cette année 1958, était, pour rapprocher la France de l'Algérie, d'envoyer tous les fonctionnaires issus des grands concours y commencer leur carrière. En priorité les sursitaires et les célibataires. C'était mon cas, j'héritais donc d'Oran, qui allait changer ma vie.

Les Érinyes normaliennes n'avaient pas cessé de me poursuivre ; mais cette fois, elles étaient à peu près vaincues.

CHAR ET MARTHE

Ma culture littéraire s'est nourrie de poésie beaucoup plus que de romans. Il me suffisait autrefois de lire trois fois un poème pour qu'il se grave dans ma mémoire. En classe de seconde je me souviens avoir demandé à mon professeur de français, M. Herbelin, une leçon particulière pour qu'il m'explique ce que je ne comprenais pas dans «Le cimetière marin». Aujourd'hui encore, à près de quatre-vingt-dix ans, je peux me réciter «Le bateau ivre» ou «La chanson du mal-aimé» pour m'endormir le soir. La poésie n'a jamais cessé de m'habiter. Ce qu'elle est pour moi, je ne saurais le définir. Une éditrice de mes amies m'a dit un jour : «Chez vous, ce n'est pas une culture ni un goût, mais votre façon d'être au monde.»

Après guerre, je vivais en Saint-John Perse, en Francis Ponge et surtout en René Char. *Seuls demeurent* venait de paraître, mais j'avais une prédilection pour les *Feuillets d'Hypnos* où je retrouvais l'écho de mon Vercors de la Résistance et une musique pour moi toute proche.

Quand nous avons fondé, avec Pierre Vidal-Naquet, au lycée Carnot, en 1948, la petite revue *Imprudence* – une aventure qui n'eut que trois numéros mais porte la marque de notre commune effervescence intellectuelle –, j'ai écrit à Char pour lui demander l'autorisation de mettre en quatrième de couverture l'extrait qui commence par :

« AUX PRUDENTS : il neige sur le maquis et c'est contre nous chasse perpétuelle [...] »

Char nous a répondu une belle et longue lettre que Vidal-Naquet, dans le premier volume de ses *Mémoires*, publie dans son intégralité, puisqu'en tant que directeur de la publication elle lui était adressée. On y lit notamment : « Toutes ces intentions, cette réserve, ces accents, ces critiques justifiées, ce refus de vous asseoir, cette foi dans le juste, dans le lucide m'ont fait plaisir et m'ont ému. Restez du bond, déclinez le festin. »

Une invitation suivit à venir le voir à côté de chez Gallimard, à l'hôtel Montalembert, où il descendait quand il venait de L'Isle-sur-Sorgue. Ce que nous fîmes, bras dessus, bras dessous. Approcher René Char ! Qu'on y songe : dans ces années d'après-guerre, la poésie avait encore un rayonnement public et une présence sociale qu'elle a perdus depuis. Le poète trônait au sommet de la hiérarchie littéraire. Char n'était pas encore le poète national comblé de toutes les faveurs. Peut-être parce qu'il n'était pas encore entouré d'admirateurs, peut-être parce qu'il n'avait pas d'enfants, Char a adopté les deux Pierre, d'abord ensemble, puis séparément.

Char me donnait l'impression d'être mon vrai monde. Il m'entraînait dans des équipées parisiennes surréalistes, au musée Gustave-Moreau par exemple, à l'époque fermé au public et couvert de poussière, dont le gardien d'à côté détenait les clés pour un petit cercle. Nous aurions pu y dérober n'importe quoi. Une autre fois, c'étaient des virées dans le dédale des petites rues du IXe arrondissement, où je me souviens de Char sonnant à une porte quelconque, se présentant avec son bagout créatif à une vieille dame comme le vérificateur de la chaudière ou l'acheteur d'un appartement voisin, se faisant raconter la vie de cette grand-mère et celle du quartier. C'était enivrant.

Trouvant que je manquais d'argent de poche, il était allé, au prétexte d'une consultation médicale, voler chez nous les petits ivoires qui traînaient sur le piano de la salle d'attente pour les vendre au marché aux puces et m'en donner le produit. Je le voyais entouré de femmes, tantôt l'une, tantôt l'autre ; et quand je lui ai demandé comment il s'y prenait pour que chacune ignore l'autre, il m'a répondu avec son accent du Midi qui enjolivait tout : « Ah mon petit, avec les femmes, je suis comme un lévrier dans un jeu de quilles. »

Ses bêtes noires étaient Sartre, Paulhan, dans lequel il voyait l'image même du « gens-de-lettrisme », Roger Nimier, pour son insolence de droite et ses propos contre Camus.

Il s'était mis en tête de faire publier mes poèmes, que j'avais eu l'audace de lui montrer et qu'il avait triés, dans une petite maison d'édition, Guy Lévis Mano (GLM), avec une lettre-préface de lui-même. Inconfiance en moi, sentiment du ridicule d'apparaître comme un sous-disciple, je reculai.

Char n'est pourtant pas celui par lequel Marthe est entrée dans ma vie pour l'occuper cinq ou six ans. Elle est cependant, dans nos débuts, étroitement associée à lui dans mon imagination. D'abord parce qu'arrivée d'Alexandrie comme tous les ans à la veille de l'été elle était descendue à l'hôtel Montalembert, appelé décidément à devenir – chambre 87 ! – un des hauts lieux de mes jeunes années. Ensuite et surtout parce que deux ans avant de faire sa connaissance j'avais lu dans *Le Poème pulvérisé* le très beau texte que Char lui a consacré sous son nom. Je vais le citer en entier parce que je suis à même d'en comprendre chaque mot mieux que quiconque ; et qu'il m'a rendu amoureux de Marthe avant même de la rencontrer, en juin 1949.

Marthe, que ces vieux murs ne peuvent pas s'approprier, fontaine où se mire ma monarchie solitaire, comment pourrais-je jamais vous oublier puisque je n'ai pas à me souvenir de vous : vous êtes le présent qui s'accumule. Nous nous unirons sans avoir à nous aborder, à nous prévoir comme deux pavots font en amour une anémone géante.

Je n'entrerai pas dans votre cœur pour limiter sa mémoire. Je ne retiendrai pas votre bouche pour l'empêcher de s'entrouvrir sur le bleu de l'air et la soif de partir. Je veux être pour vous la liberté et le vent de la vie qui passe le seuil de toujours avant que la nuit ne devienne introuvable.

André Fermigier la connaissait d'Alexandrie où il avait enseigné l'année précédente; il était devenu son ami. Il m'a dit qu'elle était une Malgache de grande famille, mariée à un homme médiocre, médecin et poète, Henri El-Kayem. Elle régnait sur la petite société littéraire, élégante et polyglotte d'Alexandrie, celle que décrit Lawrence Durrell dans *Le Quatuor d'Alexandrie*, dont Marthe aurait été un ou le modèle du premier volume, *Justine*. Elle avait à la fin de la guerre fondé la revue littéraire *Valeurs* avec Étiemble dont elle était la maîtresse. Étiemble devait, quelques années plus tard, écrire un livre sur le souvenir de sa passion pour elle, *Blason d'un corps*. Marthe était une légende, adulée de tous ceux qui la rencontraient.

André m'emmena chez elle prendre le thé. Sa chambre ressemblait à une cage pour un oiseau des îles, avec des tissus orientaux et des petits tableaux sur le mur, dont un petit Braque, des livres de poésie sur la table, un joli caftan pâle dans lequel elle nous recevait. Le thé n'a pas suffi, le soir même nous dînions tous les trois au restaurant Le Voltaire, sur les quais.

L'amitié d'André nous a rapprochés. Une de ces familiarités qui ne s'expliquent pas s'est immédiatement établie entre Marthe et moi. En quelques jours, je ne la quittais presque plus, encore qu'une bonne partie de son temps et de sa vie m'échappât, me la rendant encore plus mystérieuse. Marthe n'était pas la beauté même, mais elle irradiait une poésie faite d'exotisme et d'élégance.

Sur le moment, je ne me suis posé aucune question sur notre différence d'âge. J'étais pourtant encore un très jeune garçon qui vivait chez ses parents et commençait ses études supérieures. Je n'avais pas dix-neuf ans, elle était sans âge, mais avait en fait plus de quarante ans et plusieurs vies derrière elle. Cette différence explique tout de nos rapports : moi, l'élan spontané d'un jeune homme affamé d'expérience amoureuse ; elle, la tendresse possessive d'une mère privée d'enfant et qui, comme je l'ai appris plus tard, venait précisément de perdre le dernier contact avec une fille de mon âge qui lui avait été arrachée, lorsqu'elle avait six ans, dans des conditions dramatiques que je raconterai plus tard. J'arrivais, sans le savoir, à un tournant de sa vie qui, malgré les hommages enflammés de poètes, la laissait très seule.

Mais ce rapport explique aussi qu'après quelques années d'enchantement cette sujétion m'ait pesé au point de ne plus pouvoir la supporter.

Nos débuts m'ont laissé un souvenir magique. Marthe, après quelques semaines à Paris, était partie en vacances à Pralognan, en Savoie, où elle avait loué un petit appartement avec une amie. De mon côté, j'avais été entraîné à Biarritz par l'un des organisateurs du premier Festival du film maudit qui, sous la présidence de Jean Cocteau, présentait des films, à l'époque d'avant-garde, comme *La Règle du jeu* ou *Le Chien andalou*. Je n'avais que Marthe en tête. Peut-être est-ce à cette atmosphère transgressive que je dois l'idée de partir la rejoindre par surprise.

À l'époque, aller de Biarritz à Pralognan pour un garçon désargenté représentait une expédition en train, en car, en auto-stop. Trouver sur place l'adresse de ces dames en était une autre. Je la demandai à la poste, c'était tout près. Je frappai à la porte le cœur battant, elle s'est ouverte sur une Marthe stupéfaite et ravie. Après le dîner, la question s'est posée de savoir où j'allais dormir. Il y avait une grange attenante. Qu'à cela ne tienne, j'étais épuisé, je me suis écroulé dans le foin avec une couverture. Le lendemain, au réveil, Marthe était contre moi sous la couverture, en chemise de nuit. C'est ainsi qu'a commencé une intimité pour moi miraculeuse.

Le jour même, après avoir pris congé de l'amie que Marthe abandonnait, nous avons cherché à nous réfugier au moins cher. Nous avons fini par trouver au-dessus des Houches, le long de la forêt, près d'un hameau de montagne qui s'appelait Merlet, à un kilomètre de tout, un petit chalet au mobilier des plus sommaires. Nous l'avions loué pour une semaine, nous y sommes restés près d'un mois.

Marthe a eu tôt fait de transformer ce lieu sauvage en un entourage raffiné, déployant sur une planche bancale ses flacons, parfums et poudres. Le matin nous nous lancions mutuellement comme des enfants un seau d'eau sur nos corps nus dans la nature. Le soir, je retrouvais Marthe en caftan. En quelques jours, elle était si loin de la mondaine arrivée d'Égypte au Montalembert ! Nous étions tout l'un à l'autre, sans retenue.

Un soir on frappa à la porte. Je revois encore dans l'encadrement la tête stupéfaite de mon frère Simon, sac au dos, accompagné de Marie-Pierre qu'il venait d'épouser. Une mission de jeune inspecteur des finances l'avait amené à Albertville, et de là, à ma retraite, peut-être sur la suggestion de notre père, inquiet de ce que je fabriquais dans ce bled mystérieux. Nous les avons fait dîner et même coucher à la diable. Ils sont repartis ahuris du spectacle. Ils ont ramené à Paris la formule qui a fait le tour de la famille et bien au-delà : « Pierre et sa princesse malgache… »

Cette femme de nulle part avait eu une vie ballottée de malheurs et faite d'arrachements successifs que j'ai peu à peu découverts. Une vie très étrange, que l'on n'imaginerait pas possible aujourd'hui.

Le premier de ses grands malheurs, celui dont tous les autres devaient découler, avait été l'arrachement à la terre natale de son enfance et de sa jeunesse. Marthe n'avait pratiquement pas connu son père, Marius Cazal, venu dans la Grande Île lutter contre les abus miniers des colons français. Par sa mère, elle descendait d'une lignée princière de l'aristocratie malgache des hauts plateaux, les Hova. C'est sa mère qui lui apprit les rites et les traditions. Marthe avait perdu successivement, de tuberculose, sa mère à onze ans, son frère de trois ans son aîné, sa grand-mère qui avait recueilli les deux enfants. À seize ans, elle s'était retrouvée seule, arrachée à son monde pour être envoyée par la Légion d'honneur dans un pensionnat protestant, puis dans une école d'infirmières, dans le Nord, près d'Amiens.

De cet héritage malgache, Marthe avait conservé l'habitude d'un rapport féodal au monde et aux autres, qui lui rendait si difficile une adaptation au monde marchand. Elle en avait gardé en revanche la capacité de supporter sans déchoir n'importe quel affront social, sans rien perdre de sa hauteur et de sa fierté naturelle. Elle gardait aussi, à fleur de peau, un sentiment refoulé d'humiliation coloniale, où tout était prétexte pour lui rappeler, comme elle disait, sa condition de « négrillonne ».

Au cours de vacances au bord de la mer du Nord avec une amie, elle s'était liée avec un doux enjôleur, mal équilibré et légèrement alcoolique, qui répondait au nom providentiel d'André Breton, et dont la famille avait tout fait pour qu'elle l'épouse et le fixe. Ce qu'elle avait accepté par compassion, par innocence, par volonté de sauver ce flambeur de la dérive. Elle y avait mis une condition : partir dans un pays de prohibition comme le Canada où son mari promettait de faire fortune dans le commerce des fourrures. Une fille lui était née, Étiennette, dite Teny. Après dix-huit mois de violence et d'enfer, Marthe s'était échappée avec sa fille sous le bras pour revenir en France, prendre la tête de son école d'infirmières.

À l'occasion de ses séjours à Paris, elle rencontre un jeune étudiant en médecine, égyptien et poète, Henri El-Kayem, qui tombe amoureux fou d'elle, la bombarde de lettres et poèmes quotidiens et lui fait miroiter la fuite en Égypte. Elle accepte sans vraiment l'aimer pour échapper aux scènes et poursuites dont la harcelait son ex-mari et qui portaient préjudice à sa situation.

À peine installée à Alexandrie, la voilà en 1937 en proie au désastre de sa vie : l'enlèvement brutal de sa fille par son père au commissariat de police. Marthe disait que sa rupture morale avec son jeune mari datait de là, car celui-ci, bien introduit auprès des autorités, aurait pu agir et n'en a rien fait, sans doute pas mécontent de se débarrasser de cette jeune belle-fille de six ans. Marthe en avait fait une longue dépression, elle avait dû attendre la fin de la guerre pour tenter de récupérer son enfant à Toulouse. Près de dix ans avaient passé. Teny, élevée dans une version de l'histoire hostile à sa mère, refusa de la suivre. Elles étaient devenues deux étrangères l'une à l'autre.

Marthe se retrouvait une fois de plus seule, sans son mari qu'elle ne supportait plus, sans Étiemble retourné à sa femme Yassu Gauclère, sans sa fille. Seule.

C'est alors qu'elle avait rencontré René Char, qui, entouré de plusieurs femmes, ne songeait pas à se fixer. C'est peut-être ce qui explique qu'à moi elle se soit tout de suite attachée.

Le plus curieux, c'est la façon dont, au retour à Paris, le couple que nous formions a paru naturel à notre entourage. Et même à ma famille, qui trouvait que cette initiation amoureuse par une femme fine et cultivée avait un côté bénéfique et pittoresque.

Chose non moins curieuse : de nos conversations,

de nos occupations, et même de nos rapports intimes, je ne garde à peu près aucun souvenir précis. Je me rappelle plutôt les vacances d'été et d'hiver sans elle, où m'arrivaient parfois des débuts d'aventure avec des jeunes filles de mon âge, auxquels Marthe savait habilement mettre fin pour me récupérer. Il est vrai que d'autres je pouvais me passer, pas d'elle.

Les ennuis ont pourtant commencé très vite à pleuvoir. Ils me reviennent comme des bulles de mémoire.

C'est l'arrivée d'Henri El-Kayem, venu pour ramener sa femme au bercail. Marthe se sentait de plus en plus loin de lui, très loin d'Alexandrie, et peut-être, sans que je m'en rende compte, trop près de moi pour quitter Paris. Son mari a fini par le comprendre, repartir et la répudier, si je puis dire « à l'égyptienne », avec quelques formules de malédiction. Il n'est pas venu une minute à l'idée de Marthe qu'elle allait se trouver sans le sou et obligée de chercher un improbable travail. Elle vivait aussi sur le mythe du grand domaine abandonné autour de son village natal, Fianarantsoa, qu'elle croyait pouvoir vendre.

Je me rappelle surtout un terrible accident de voiture, la veille au soir d'un concours à l'École normale (le premier ? le second ?), dont j'étais entièrement responsable. J'avais emprunté la voiture de mon père pour dîner chez ma sœur. Au retour, rue

Montorgueil, à un croisement à angle droit, Marthe a pris le choc de plein fouet. Course folle aux urgences de Saint-Antoine, appel au secours à mon frère Jean, épaule et clavicule droite cassées. C'est à cette occasion que je me suis aperçu que Marthe n'avait pas de carte d'identité ni de sécurité sociale.

Je revois encore – à quel moment ? – Teny à Paris, une belle plante qui avait deux têtes de plus que sa mère, mais aucun langage commun, rien à se dire, rien à partager, que des reproches et des querelles dont je me suis trouvé, par la force des choses, l'arbitre impuissant.

Les vrais problèmes ont commencé, au début de l'année 1952, quand Marthe est tombée malade, atteinte de tuberculose, dont étaient morts sa mère et son frère. C'était là une épreuve trop lourde pour nous deux ; pour elle, démunie de tout secours ; pour moi, toujours censé me consacrer à mes études. Je me suis résigné à me tourner vers mon père qui, pourtant, après avoir accueilli cette liaison avec faveur, ne la considérait depuis longtemps qu'avec inquiétude et regret. Il a cependant été sensible à notre détresse et, non sans mal, a trouvé le moyen de faire admettre Marthe dans un sanatorium de Savoie, à Hauteville.

Marthe a voulu venir le remercier. Je redoutais cette entrevue. Je ne sais pas ce qui s'est dit entre eux, mais le soir, quand mon père a lu sur mon visage une interrogation muette, il a seulement murmuré en me regardant d'un air inhabituel : « C'est une femme exceptionnelle. » Une phrase qui me valait absolution de la folie où je m'étais enlisé. Je ne suis même pas sûr que, sans me le dire, il n'ait pas payé le sanatorium.

Ont commencé des semaines, des mois, dont je garde un souvenir d'épuisement. Marthe est arrivée en loques au sanatorium où je l'ai accompagnée, presque portée. La tuberculose était encore au début des années cinquante une maladie mortelle. Marthe a dû subir une intervention pulmonaire, des mois de solitude, une longue et difficile récupération. Je venais la voir aussi souvent que possible. Nos rapports, commencés dans l'enchantement, étaient en train de tourner au tragique.

Marthe avait de plus en plus besoin de moi. Je me sentais partagé entre une fidélité à toute épreuve et la tentation de m'évader de cette vie funèbre pour retrouver ma vie d'étudiant.

Quand Marthe est enfin sortie encore très affaiblie du sanatorium, j'ai dû m'occuper étroitement d'elle. L'emmener un mois en convalescence au Tholonet, près d'Aix-en-Provence, dans une belle maison prêtée par des amis. La loger dans un loft trouvé rue Jacob. Lui offrir une petite chienne pour la distraire, qu'elle avait appelée modestement Balkis, du nom de la reine de Saba, rien que cela. Et surtout m'acharner à donner des leçons particulières pour lui offrir de quoi vivre. Ma mère, toujours bienveillante, lui apportait des gâteaux faits à la maison.

Mais où tout cela nous menait-il ? Je n'ai pas parlé de Marthe dans le chapitre précédent, parce que notre aventure méritait un développement spécial. Mais faut-il préciser que mes échecs universitaires à répétition n'étaient pas sans rapport avec cette histoire ? Une histoire qui aurait dû durer trois mois et qui a duré si longtemps. Marthe était elle-même consciente du poids qu'elle faisait peser sur ma vie.

Faut-il que je me sois senti au bout de mes forces, acculé à l'impasse, mort d'inquiétude pour elle comme pour moi, pour que je forme dans mon esprit un projet diabolique et désespéré.

Un camarade de khâgne dont j'ai parlé, Philippe Verdier, appelé à devenir un grand américanologue, était secrètement admiratif et même épris de la princesse. C'était un garçon solide, loyal, moins banal que conforme, convenu, convenable, étranger à tout ce qu'était Marthe, mais il avait hérité d'une fortune importante. Nous sortions parfois tous les trois.

C'est à peine si j'ose avouer ma démarche. Était-ce une lâcheté ignoble ou le signe d'une maturité lucide ? Cela tenait du marché à bestiaux et du jeu d'adolescents qui s'échangent les filles.

Je me revois dans le café de la place Saint-Sulpice, disant à Philippe que puisque je ne pouvais rien pour Marthe, j'étais prêt à m'effacer devant lui et à lui faciliter les choses, à une condition qu'il s'est empressé d'accepter : me jurer que, le jour où il quitterait Marthe, il lui achèterait un petit appartement et ne la laisserait pas dans le besoin.

Cette espèce d'arrangement m'a longtemps pesé sur la conscience. En même temps, la facilité avec laquelle la chose s'est réalisée a soulevé en moi beaucoup de questions. Je ne pouvais pas imaginer Marthe amoureuse d'un jeune homme, certes assez beau, mais si loin de tout ce qu'elle était. L'a-t-elle accepté pour me délivrer ? Ou bien leur aventure avait-elle commencé avant que je ne le sache, et alors se révélait-elle une mangeuse de jeunes gens, une ogresse dont je n'aurais été que le premier ? La suite de sa vie a pu me le laisser penser. Qu'elle soit allée vers Verdier par attirance ou par sacrifice, j'en pleurais des larmes de sang. Et je n'arrivais pas à décider si Marthe était une tragique victime ou une manipulatrice. Peut-être les deux à la fois.

Après des nuits d'insomnie et des jours de détresse, de jalousie, de remords, de mépris de moi-même, de sentiment d'échec sur tous les plans, j'ai trouvé en moi assez de raison – et de raisons – pour émerger d'un long tunnel. Avais-je d'autre solution que cette conclusion ? N'allais-je pas pouvoir enfin travailler, passer mon agrégation ? N'étais-je pas enfin délivré et n'allais-je pas enfin pouvoir vivre ?

Il fallait me résigner : j'aurais eu une éducation

sentimentale unique, radieuse et douloureuse. Elle était terminée.

★

Mon histoire avec Marthe, ou si l'on préfère l'histoire de Marthe, ne s'arrête pourtant pas là. Elle a un épilogue inattendu qu'il m'est impossible de ne pas raconter.

Un jour de 1971, j'ai reçu chez Gallimard un pli porté sur lequel j'ai immédiatement reconnu l'écriture de Marthe, qui ressemblait du reste à la mienne, à moins que ce ne soit l'inverse. À l'intérieur, des papiers administratifs et une courte lettre : «Pierre, les deux pièces jointes te diront le fond de ma détresse. Je fais appel à tes souvenirs, à tout ce que nous avons été l'un pour l'autre et qui ne m'a jamais quittée...»

Des deux pièces, l'une était un document fiscal la mettant en demeure de payer dans le mois un emprunt loin d'être insignifiant sous peine de saisie corps et biens. L'autre, une fiche de paye de ce qu'on appelle aujourd'hui gardienne d'immeuble, mais que l'on appelait à l'époque concierge, rue Émile-Duclaux dans le XVe arrondissement.

Je suis resté un moment cloué à mon siège. Dix-sept ou dix-huit ans étaient passés. J'avais été marié, divorcé, j'avais connu d'autres femmes. On m'avait dit qu'après avoir assez vite quitté Verdier, qu'elle traitait comme un toutou, elle avait connu un jeune notaire de Lille qui voulait l'épouser, qu'elle était partie avec un jeune homme dans un kibboutz... Tous renseignements vagues et imprécis. Mais Marthe, « concierge » ! Je ne doutais pas une minute qu'elle portât cet abaissement social avec indifférence et hauteur. Je savais Marthe capable de tout, mais quand même !...

J'ai aussitôt adressé à Marthe le chèque avec un mot affectueux, pour recevoir en retour une lettre pleine de gratitude, mais assez habile pour me faire comprendre à demi-mot la vulgarité qu'il y avait à avoir libellé le chèque au centime près. Elle était là tout entière.

Cet appel m'a rongé de curiosité. J'ai rôdé autour de la rue Émile-Duclaux pour savoir à quoi ressemblait son immeuble, ordinaire. Et puisque sa lettre de remerciement m'invitait à venir la voir pour prendre le thé (comme autrefois ?), j'ai, un jour, frappé à sa porte après avoir convenu de ma visite. Je tremblais à l'idée de ce que j'allais découvrir. Nous sommes restés muets un long moment, les mains dans les mains, avant de jouer chacun le jeu de la courtoisie. Sa loge ressemblait à sa chambre du Montalembert, elle portait le même genre de caftan, les murs étaient ornés des mêmes tissus, le petit Braque était toujours là, des livres de poésie sur la table, où trônait, seule différence, un chat. Elle portait sa misère comme une reine. Les locataires qui frappaient à sa porte se voyaient fermement renvoyés à leurs étages, «mais oui, Monsieur, je monterai tout à l'heure le courrier, j'ai une visite...».

Très bizarrement, nous n'avons pas évoqué le passé, ni le nôtre, ni le sien. En revanche, elle m'a expliqué sa vie, entourée de jeunes amis et de son chat. Son occupation centrale était son heure de piscine où elle était devenue championne de natation, qu'elle pratiquait religieusement pour entretenir sa forme. J'en ai conclu qu'elle n'avait pas renoncé à séduire, ce qu'à soixante ou soixante-cinq ans elle pouvait encore se permettre. Je pense que c'était son dernier jeune ami, Jean Charles Blanc, qui devait écrire plus tard sur elle un petit livre plein de poésie et de piété[1]. Elle avait sa vie, j'avais la mienne.

Je me souviens, un demi-siècle après, que se sont alors établis entre nous des rapports inégaux. Elle m'adressait des lettres, que je lisais distraitement, où elle me reprochait de ne pas lui répondre assez souvent. J'allais la voir de temps en temps, lui envoyais des livres ; un poste de télévision que je lui ai offert devint vite son ouverture au monde et le moyen de me suivre à l'écran où j'apparaissais alors parfois, à l'occasion de la parution des trois volumes de *Faire de l'histoire*, en collaboration avec Jacques Le Goff.

Pourtant, au moment où elle s'est vue à nouveau souffrante, affaiblie, se plaignant de maux de poitrine qui rappelaient sa tuberculose, de rhumatismes

1. *Famadihana. La valise de Marthe*, Farrago, 1999.

à l'épaule qui dataient de notre accident de voiture, je n'ai eu de cesse de tout faire pour lui trouver une maison de retraite à quoi ses trop rares années de travail ne lui donnaient pas droit. L'affaire du sanatorium recommençait.

Pendant plus d'un an, j'ai couru les bureaux d'entraide, les méandres de la DDASS. Je suis devenu ce qu'elle appelait son ange gardien. Devant tous mes efforts, elle a eu ce mot qui m'a frappé comme une flèche : « Pour te donner tant de mal, faut-il que tu aies mauvaise conscience de m'avoir abandonnée. » C'était, après tant d'années, sa seule allusion au passé, mais elle l'éclairait d'un jour cruel et vrai qui réveillait ma culpabilité.

J'ai pu, par l'intermédiaire de mon frère Simon, avoir accès à Simone Veil, alors ministre de la Santé. Elle s'est montrée sensible au cas de Marthe et, malgré toutes les difficultés administratives, lui a trouvé une place dans une maison de retraite du XIVe arrondissement ; un petit miracle. Bien entendu, à peine installée, Marthe me reprochait de l'avoir fait enfermer dans un mouroir. J'ai retrouvé là la sublime emmerdeuse d'autrefois. Cette fois, de mon côté, une certaine lassitude et le sentiment d'être quitte. J'ai appris sa mort en 1983, fin juin. Je n'ai pas assisté à son enterrement. Je le regrette aujourd'hui.

Ce chapitre de mes souvenirs m'a demandé plus de mal que les autres. Pour l'écrire, j'ai cherché à retrouver la correspondance des années Émile-Duclaux.

Je gardais le souvenir de quelques lettres. Il y en avait en fait plus de cinquante, chacune de plusieurs pages, sur du papier japon parfumé, pliées comme toujours dans le sens de la longueur. Je les avais négligées. À les lire attentivement, c'est un trésor. Elles conservent vivant le talent de cette femme douée d'une écriture généreuse et précise. Elles m'ont fait comprendre, sans retour sur ce qu'elle appelle «un passé définitivement mort», combien j'avais compté pour elle, combien je comptais encore : «Il me reste cette infinie tendresse qui me lie à toi comme ma peau me colle au corps.» Elles m'ont fait aussi comprendre ce qu'il avait fallu que j'oublie d'elle, que je refoule, pour échapper à cette mante religieuse qui avait dévoré ma jeunesse.

Ces lettres, sur le moment, je les avais ouvertes sans vraiment les lire. Aujourd'hui, elles me restituent avec une intensité presque insupportable une présence et une absence aussi lourdes l'une que l'autre.

Marthe n'a pas été seulement ma première grande passion. Elle aura été l'image de la mère que j'aurais voulu avoir. Elle n'est pas pour moi, comme pour Char, «le présent qui s'accumule», mais un passé qui n'est jamais passé, et ne passera jamais.

LES ANNÉES CHARNIÈRES

Au retour d'Algérie en septembre 1960, j'étais accepté pour trois ans à la Fondation Thiers. On était censé y avancer sa thèse.

La Fondation Thiers était une institution moins prestigieuse que l'École de Rome ou d'Athènes, mais qui, sur le même principe, offrait à des agrégés de moins de trente ans et déjà pourvus d'une expérience d'enseignement la possibilité d'entamer librement leur thèse, pendant trois ans. Elle était située bien loin du Quartier latin, dans le XVIe arrondissement, rond-point Bugeaud, ce qui augmentait notre sentiment d'émancipation scolaire ; c'est aujourd'hui un club, le Saint James. Nous étions là une douzaine de pensionnaires, venus de différentes disciplines, avec chacun son bureau et sa petite chambre à coucher, un valet de chambre à disposition, un peu comme à l'anglaise, le tout disposé autour d'une grande balustrade qui donnait, au rez-de-chaussée, sur un large hall, un réfectoire commun, et une curieuse salle de billard qui comme tout l'immeuble faisait ancien temps. Chacun disposant d'une grande liberté sous la houlette directoriale de Georges Davy, philosophe durkheimien, ancien mandarin de la Sorbonne qui jouissait d'un poste tranquille de fin de carrière.

C'est là que j'ai connu en particulier Marc Fumaroli, bien différent de celui qu'il est devenu par la suite. Très renfermé sur lui-même, probablement aux prises avec de sérieux problèmes existentiels, travaillant à l'époque sur Corneille et sortant parfois le soir, mystérieusement enveloppé d'une cape noire. Il y avait aussi Jean Tulard, premier d'agrégation qui s'est pris pour moi d'une étrange affection, d'un attachement inexplicable, jusqu'au jour où, en 1967, j'ai lu le livre de Claude Lévy sur la rafle du Vél' d'Hiv qui révélait qu'à la Préfecture de police son père avait dressé la liste des Juifs, le futur et fameux «fichier juif» de triste mémoire. La publication avait visiblement provoqué chez lui un trouble profond. Chez moi aussi, qui regrette de ne pas avoir su mieux lui manifester mon amitié.

Il régnait dans cette thébaïde une atmosphère étrange, peuplée d'originaux. Je me souviens d'un pensionnaire sérieux et discret qui travaillait à une thèse sur «les officiers de marine talons rouges au XVIIIe siècle». Elle l'a mené à l'université de Caen où il allait exercer toute sa vie. Un jour où il m'avait invité dans sa chambre, j'ai vu courir tout autour de la pièce une tringle où chaque jour il épinglait les tickets de métro derrière lesquels il prenait des notes. Une autre fois, c'était un juriste bedonnant qui exhibait les smokings et l'habit de sa garde-robe et qui, après *Les Français d'Algérie*, a frappé à ma porte pour me dire d'une voix solennelle « L'hômmme sait écrrrire ! », puis repartir.

Le plus grave est arrivé un dimanche d'hiver, où nous n'étions que deux à table, avec un pensionnaire linguiste qui faisait sa thèse sous la direction d'Émile Benveniste. Après le déjeuner, où nous n'avions guère échangé, chacun est remonté travailler dans sa chambre. Le lendemain matin, on l'a retrouvé pendu au chambranle de sa porte. L'idée que derrière ma cloison, pendant que je soignais mes paragraphes, se déroulait une pareille tragédie m'a horrifié et laissé coupable de n'avoir rien vu venir. Quand on a sorti le cercueil, le lendemain à sept heures du matin, Davy nous a convoqués pour commenter en guise d'épitaphe : « Il ne s'intéressait pas assez à sa thèse ! »

La même hésitation qui avait présidé, après l'échec à l'École normale, au choix de la discipline a recommencé pour le choix d'un sujet de thèse. Après bien des errances, j'étais arrivé à deux pistes différentes : « Le Parti colonial en France jusqu'en 1914 » (Eugène Étienne, dont j'habitais la rue à Oran, en avait été le pilier), ou « Les intellectuels et la nation de 1905 à 1914», que m'avait inspiré le livre d'Eugen Weber *The Nationalist Revival in France*. J'avais découvert Weber en lisant son livre sur l'Action française dont la traduction venait de paraître. Les *Annales* m'en avaient demandé un compte rendu.

Il faut rappeler qu'à l'époque l'engagement dans la thèse était un choix lourd, un travail de mille pages, fondé sur un gros dépouillement d'archives et qui était la condition absolue de l'entrée dans l'enseignement supérieur. Passer des années sur les forcenés du colonialisme n'avait rien de réjouissant, et l'autre sujet, fondé non sur des archives mais sur des parcours d'écrivains, paraissait relever des lettres plutôt que de l'histoire. Or, les disciplines étaient alors cloisonnées et les sujets spécialisés et circonscrits. Nous avions de grands modèles qui nous écrasaient : la thèse de Fernand Braudel sur la Méditerranée de Philippe II, ou celle de Pierre Chaunu sur le commerce atlantique, en sept volumes. La mode était à l'histoire économique du côté d'Ernest Labrousse et Fernand Braudel, ou à l'histoire diplomatique et politique du côté de Pierre Renouvin.

Fernand Braudel, au titre d'héritier de Marc Bloch et de Lucien Febvre, apparaissait, au Collège de France, comme le chef d'école des Annales et représentait une histoire de pointe encore mal admise par l'université. Pierre Renouvin, beaucoup plus traditionnel, régnait sur la Sorbonne, et en imposait par sa personne. Il était sorti de la guerre de 1914 amputé du bras droit et gazé, avec une voix d'asthmatique. Ses travaux en avaient fait le spécialiste de la Grande Guerre, de ses causes internationales et de ses conséquences. C'était l'image même du mandarin dévoué à son enseignement, à ses étudiants et à l'administration, solennel et libéral, né doyen, comme Dreyfus capitaine.

En vérité, à peine rentré d'Algérie, j'ai été happé par l'urgence algérienne et rapidement entraîné dans une tout autre aventure.

Dès mon retour, François Furet, qui travaillait déjà pour *France Observateur* et me voyait encore tout plein de mon expérience à Oran, m'avait convaincu d'en faire un témoignage. Il a paru sur deux pages – mon premier article ! – sous le titre « J'étais professeur en Algérie[1] », le 27 octobre 1960, jour de la première grande manifestation de l'UNEF contre la politique de De Gaulle en Algérie, qui s'était heurtée à de violentes charges de police. Je m'y étais rendu en compagnie de Jean-François Revel qui y a rencontré Christian Bourgois, jeune éditeur chez Julliard dont Revel était l'auteur. Nous nous étions tous les trois repliés le soir, boulevard Saint-Michel, chez Françoise Cachin, alors étudiante en histoire de l'art, que je devais épouser

1. Repris dans *Historien public*, *op. cit.*, p. 35-47.

peu après. C'est Bourgois qui, pour avoir apprécié le texte qu'il avait découvert le matin, m'a poussé à le développer. « On sent que vous avez beaucoup plus à dire. » Revel s'était emballé. Ayant lui-même assisté, en Algérie en 1948, aux élections truquées par les colons et le gouverneur général Naegelen, il proposa, pour m'encourager, que nous écrivions le livre à deux voix et quatre mains : « 1948-1958, l'Algérie à dix ans d'intervalle ». « Mais faites vite, nous dit Bourgois, la guerre peut se terminer ! »

Je rentrai aussitôt à la Fondation Thiers et rédigeai d'un trait, pour l'envoyer à Revel, le premier chapitre, intitulé « Ici la France ». Il est facilement venu sous ma plume parce qu'il se contentait de refléter les impressions fortes que m'avaient laissées mes deux ans de séjour à Oran : une population européenne, pétrie d'un côté d'un supernationalisme flamboyant, constamment proclamé et d'autant plus illusoire que beaucoup n'étaient jamais venus en France – mais l'Algérie « c'était la France » ; et paralysée d'autre part par le déni d'une situation coloniale inavouée – puisque « c'était la France ! » –, mais une situation qu'elle entendait bien défendre et perpétuer. La France, mais une drôle de France, confortée à l'époque par l'omniprésence militaire du contingent encadré par des officiers de retour d'Indochine, tout imprégnés des théories fumeuses de la guerre révolutionnaire. C'est ce porte-à-faux historique que mon séjour m'avait fait charnellement éprouver et qui m'a suggéré une analyse historique du phénomène.

Jean-François, avec sa générosité intellectuelle et un manque d'envie de faire sa partie, m'encouragea vivement à continuer seul : «Je te préviens, me dit-il, un livre c'est une disposition d'esprit, reste ferme!» Ce parti pris de rigueur m'a poussé dans ma volonté de me refuser à ce sentimentalisme compassionnel qui nous avait valu, au nom de la solidarité inconditionnelle avec «nos compatriotes d'Algérie», l'enlisement dans le *statu quo* et le piétinement politique. Depuis la reculade de Guy Mollet devant les tomates des Européens d'Algérie, le 6 février 1956, alors qu'il était président du Conseil d'un front républicain élu pour négocier une paix en Algérie, jusqu'aux successifs gouverneurs généraux de gauche, Soustelle, Lacoste, dépêchés en Algérie avec les meilleures intentions et qui, une fois sur place et devant la violence du conflit et les horreurs perpétrées par les fellaghas, s'étaient convertis à la défense prioritaire de nos compatriotes menacés, c'était la même histoire, la même complaisance. C'était ce lien qu'il fallait rompre.

Je l'ai fait avec une telle rigueur, une telle vigueur, dans une telle hâte, en suivant mon instinct, que je ne me suis pas rendu compte du scandale qu'allait produire ce regard analytique, cette distance critique, cette écriture au scalpel, ce «manque de cœur».

Je ne me suis pas non plus rendu compte de l'indignation qu'allait soulever, à gauche, la mise en cause des partisans du libéralisme. Germaine Tillion en était l'idole et venait d'écrire *L'Algérie en 1957*, livre auquel je m'en prenais. C'est le reproche que m'a fait dans son compte rendu du *Monde* Jean Lacouture, qui devait par la suite devenir l'un de mes amis les plus proches.

Et, surtout, je n'ai pas pris conscience, dans ma volonté de cibler la spécificité d'une population et d'en faire la description, que j'avais l'air de m'en moquer cruellement au lieu de la plaindre ; que je pouvais paraître, que j'ai paru, stigmatiser ainsi une partie des Français. Même le titre – on a du mal à le comprendre aujourd'hui – était provocateur. Je l'avais copié sur le modèle du livre de Jules Roy qui venait de paraître chez le même éditeur, *La Guerre d'Algérie*, à un moment où l'on ne parlait que des « événements d'Algérie », de « l'insurrection de l'Algérie ». Et de même on ne parlait que des « Européens d'Algérie », des « Français en Algérie ».

L'expression « les Français d'Algérie » avait l'air d'essentialiser une partie des Français pour les enfermer dans leur fatalité historique. Telle n'était évidemment pas mon intention, mais de décrire un engrenage historique qui avait coincé cette population d'origine très mêlée dans une fausse position d'attachement excessif à une métropole imaginée et de quasi-colonialisme qu'elle ne voulait pas reconnaître. C'était donc cette situation dont il fallait les sortir, briser le nœud gordien par la reconnaissance inévitable et salvatrice de l'indépendance de l'Algérie. C'est l'essentiel du reproche que Jacques Derrida, mon ami depuis la khâgne, me fait dans la lettre d'une ampleur inattendue qu'il m'écrivit un mois après la parution du livre, et que j'ai ajoutée à sa réédition en 2011, pour le cinquantenaire de l'indépendance.

Je n'ai pas du tout compris, sur le moment, l'importance que ce petit livre allait avoir dans mon parcours intellectuel. Je n'aurais jamais osé le dire, mais j'avais, secrètement, au fond du cœur, deux références majeures : *L'Étrange défaite* de Marc Bloch, cet historien du Moyen Âge qui avait écrit l'essai le plus juste et percutant sur la France de 1940, et *Un barbare en Asie* d'Henri Michaux, comme si j'avais voulu que la réussite littéraire, reconnue par la critique, l'emporte, au besoin, sur la vérité historique. Je m'étais intéressé, à l'occasion d'une histoire coloniale très particulière, à l'idée nationale et devais toute ma vie d'historien tourner autour d'elle. J'avais spontanément appliqué à mon objet d'observation, dont j'étais le contemporain et le témoin, la distance critique, «le regard éloigné» que Lévi-Strauss devait recommander. Et en définitive, j'avais fait cette «histoire du présent», titre que plus tard je devais adopter pour ma direction d'études à l'École des hautes études en sciences sociales – qui expliquait le contemporain par le passé lointain et la mécanique de l'histoire. Charles-Robert Ageron, excellent historien traditionnel, avait fait une fort bonne histoire de l'Algérie et même des « Européens d'Algérie », mais son regard, inspiré d'une histoire classique, n'avait rien à voir avec cette « ethnologie du présent » dont les deux mots lui étaient étrangers. *Les Français d'Algérie*, ce petit livre de circonstance, était sans que je le sache l'embryon de ce que j'allais faire par la suite.

Dans l'immédiat, j'étais devenu un jeune essayiste prometteur. Un membre du « Maghreb Circus », comme on appelait le groupe des commentateurs attitrés de la guerre d'Algérie, tels Jean Daniel ou Albert-Paul Lentin. Ce dernier avait écrit, dans *France Observateur*, une page enthousiaste qui avait lancé le livre, « brillant comme un pamphlet, profond comme un traité », et par la même occasion son auteur. On m'invitait sur toutes les estrades pour être l'interlocuteur désigné d'un Alain Peyrefitte, par exemple, qui venait d'écrire un petit livre pour défendre la partition de l'Algérie, et m'énervait d'autant plus qu'il avait écrit sur son séjour rue d'Ulm des « chroniques normaliennes » des plus conventionnelles.

Au moment du cessez-le-feu et de l'exode de « mes » Français d'Algérie, le Consistoire n'avait trouvé personne de plus qualifié que moi, qui ne savais pas un mot d'hébreu, pour aller voir ce qui restait des communautés juives et mettre à l'abri ou rapporter leurs archives ! Extraordinaire équipée... C'est à cette occasion qu'à Oran Ahmed Boumendjel, membre du GPRA (Gouvernement provisoire de la République algérienne), m'a cherché pour m'emmener à la préfecture où Ben Bella soi-même, me recevant à bras ouverts, voulut me proposer – rien de moins ! – de faire le lendemain son entrée à Alger auprès de lui dans sa voiture décapotable. Il croyait, d'après mon livre qu'il avait lu en prison, que j'étais un Juif d'Algérie !

J'en ai fait au retour le premier entretien-portrait dans *France Observateur*. Suivi plus tard du récit de cette incroyable semaine en mai 1962, entre la fin des hostilités et la proclamation de l'indépendance en juillet, dont j'avais publié le récit sous le titre « Sept fois un jour en Algérie ». Un long reportage qui passe des djebels aux prisons ouvertes d'Alger, de la zone autonome où nous avions passé la nuit chez des militaires algériens jusqu'au bas de la rue Michelet où, avec Annie Rey-Goldzeiguer, une historienne de l'Algérie coloniale, nous nous sommes retrouvés collés au mur pour être fusillés par des résiduels de l'OAS. Nous avons été sauvés in extremis par une voiture de police arrivée opportunément qui a fait fuir les tueurs. De cet épisode, où nous avons manqué mourir, Annie Rey a gardé un souvenir fort qu'elle me rappelait chaque fois que je la rencontrais. Bizarre, je n'en garde qu'un souvenir vague, presque onirique.

Ai-je besoin de dire que cette vie agitée me menait très loin des tranquilles allers et retours que j'aurais dû faire entre la Fondation Thiers et la Bibliothèque nationale de la rue Richelieu ? D'une certaine façon, je le faisais. Car pour me faire pardonner *Les Français d'Algérie*, je m'étais mis tout de suite après à la réalisation d'une idée qui m'était venue à Oran, en tombant, à la bibliothèque municipale, sur un petit manuel Lavisse, ouvert par curiosité au chapitre sur l'Algérie depuis 1830. J'étais stupéfié par le ton : « Nos soldats, nos missionnaires, nos colons » qui amèneraient bientôt la pacification et l'exploitation, etc. Nous étions cent trente ans après : « nos » soldats étaient toujours là, mais pas la pacification, tant s'en fallait. Ce manuel, ou plutôt cette collection, passait pour avoir formé la conscience collective des Français, construit le patriotisme des soldats qui avaient résisté dans les tranchées de la guerre de 14. Je m'étais promis, rentré en France, de me renseigner sur l'histoire de ces manuels, sur l'histoire de leur auteur, dont le nom restait attaché à ces « petits Lavisse », comme on les appelait.

J'étais donc allé dès mon retour chez Armand Colin demander au directeur les archives dont la maison disposait. Des comptes, des contrats, quelques lettres, mais elles m'apprenaient que la première version de ce manuel, en 1882, qui passait pour l'évangile républicain, avait été refusée comme trop fidèle à l'esprit impérial. Je découvrais que son auteur, « jeune et brillant normalien », selon la formule consacrée, avait été recommandé par son camarade, le fils de Victor Duruy, ministre de l'Instruction publique, à son père pour devenir le précepteur du prince impérial. Si la guerre de 70 n'avait pas, deux ans plus tard, interrompu cet enseignement, à quel avenir le jeune Lavisse n'était-il pas promis ? L'affaire devenait intéressante. Dans ces années où dominait l'histoire économique et sociale, travailler l'histoire d'un pareil manuel, étudier l'histoire de l'histoire, n'était pas chose commune.

Ernest Lavisse s'est révélé un homme-clé d'une époque-clé : l'artisan de la nouvelle Sorbonne, le fondateur du cursus agrégatif, le directeur des collections chez Armand Colin et chez Hachette, le directeur de l'*Histoire de France* en vingt-sept volumes, qui devait devenir le bréviaire des agrégatifs, le conseiller des Affaires étrangères, un des piliers de la formation du sentiment national. Je me doutais de l'intérêt du sujet, mais pas du succès qu'allait avoir l'article dans le milieu universitaire, à commencer par Renouvin, qui a dû se reconnaître dans ce portrait de grand mandarin ; on m'a dit qu'il était arrivé au comité de la *Revue historique* en disant : « C'est pour le prochain numéro, à mettre en tête. » Mon sujet de thèse était tout trouvé : développer cet article, l'élargir au « moment Lavisse ».

J'étais écartelé, malade obsessionnel, angoissé

jusqu'à la névrose, devant le choix qu'il me semblait devoir faire entre les deux avenirs qui s'ouvraient à moi : rester sur la pente qu'ouvrait mon premier essai, ou la thèse. C'est ce que faisait à l'époque notamment Emmanuel Le Roy Ladurie, retiré à Montpellier pour écrire *Les Paysans de Languedoc*, une des grandes thèses emblématiques de ces années. La thèse pour, après, rester des années à Lyon ou Toulouse et, qui sait, à cinquante ans, finir à Paris ? On n'imagine pas aujourd'hui ce qu'étaient les hiérarchies universitaires – je ne me suis jamais, en particulier, permis de m'asseoir devant Renouvin, qui ne me l'a d'ailleurs jamais proposé –, le carcan des disciplines et de la discipline, l'austérité des rapports avec les supérieurs, les calculs de poste qui faisaient choisir un sujet de travail moins par intérêt personnel pour le domaine que par calcul d'une chaire qui se libérerait en fin de course.

Nous avions réussi, François Furet et moi, à faire écrire à Le Roy Ladurie dans l'hebdomadaire qui, grâce à Jean Daniel, était devenu un peu le nôtre un article au titre bien trouvé : « Les damnés de la thèse ».

Il faut ajouter à ce trouble, qui relevait d'un choix existentiel, que mon frère Simon m'avait convaincu que si je voulais comprendre quelque chose au monde contemporain et me ménager une sortie possible du splendide isolement universitaire, il fallait absolument me donner un minimum de connaissances économiques. Il n'avait pas tort, c'était l'époque où, pour les intellectuels, le fond de l'air était marxiste, et pour les hauts fonctionnaires, technocratique. L'économie prenait le pas sur l'histoire dans le gouvernement de la société. Il y avait alors au ministère des Finances un Service des études économiques et financières, le SEEF, en rapport avec la comptabilité nationale toute neuve issue de la Libération, peuplée d'esprits chercheurs et penseurs actifs de la société réformiste. L'animateur en était Claude Gruson, économiste protestant et libéral qui, pour encourager mon zèle, était allé jusqu'à me faire initier aux mathématiques par son fils Laurent. Me voilà, pendant des mois, partageant ma vie entre le matin un stage au SEEF et l'après-midi à courir à la Bibliothèque nationale, proche du ministère des Finances. Peut-être ces hommes supérieurs, économistes, mathématiciens, statisticiens, étaient-ils trop forts ou trop lointains pour moi. J'ai vite abandonné. L'économie m'est restée un domaine fermé, malgré la lecture appliquée du manuel de Samuelson ; j'avais envie d'écrire.

Ma récente expérience m'avait prouvé que j'en étais capable, et l'on me répétait : « Tu es fait pour cela, tu dois écrire. » Jean Beaufret, mon ancien professeur de philosophie en khâgne, qui avait compris quelle revanche le succès de ce premier essai représentait par rapport à mes échecs aux concours, m'avait dit une phrase que j'ai faite mienne : «Avec ce premier livre, tu as fait ton salut. Avec ton second, tu commenceras ta carrière.»

En fait de carrière, j'avais bien un deuxième projet qui me tenaillait : la critique de l'université française à la lumière de mon expérience de la khâgne, qui était l'illustration concentrée de cette tradition culturelle si française dont je voulais faire l'histoire, depuis Victor Cousin jusqu'aux normaliens de ma génération. J'en avais écrit deux chapitres à Oran, dont l'un a paru en partie bien plus tard, dans les premiers numéros du *Débat*, où figurait une rubrique appelée «Lieux et milieux». Ce morceau, intitulé «Khâgne 1950[1]», était un échantillon de la description ironique et critique du type de culture qui nous avait formés et déformés, des rhéteurs à formules, capables de «pécufier», comme disait le jargon khâgneux, sur n'importe quel sujet, fût-il le plus artificiel, comme «Cité et nécessité». C'était, bien évidemment, une revanche encore sur mon échec à Normale, mais c'était aussi, comme pour *Les Français d'Algérie*, cette forme de distance empathique qui expliquait le présent par le passé. À travers les figures d'Étienne Borne ou Jean Beaufret, c'étaient aussi les deux traditions philosophiques des années 1950 que je m'amusais à cari-

1. «Khâgne 1950», dans *Historien public*, *op. cit.*, p. 17-31

caturer : celle d'Alain derrière Borne, que nous appelions parce qu'il écrivait les discours chrétiens MRP de Georges Bidault, « le pisse-copie de l'épiscopat », et celle de Heidegger par Jean Beaufret.

J'imagine aujourd'hui l'accueil qu'aurait pu avoir cet essai critique de l'université quatre ou cinq ans avant 1968. Si je ne l'ai pas terminé, ce n'est pas seulement, comme toujours, par inconfiance en moi, c'est aussi, et surtout, parce que sa parution m'aurait définitivement écarté de l'université. *Les Français d'Algérie* m'avait déjà valu de Renouvin, ma statue du commandeur, un mot bref et éloquent : « Votre essai vient à son heure. Mais n'oubliez pas votre thèse. » Et une bombinette de l'Algérie française dans les jardins de la Fondation m'avait valu de Davy une remontrance sans appel : « La Fondation Thiers n'est pas faite pour cela ! », ce qui voulait dire : « Vous n'êtes pas fait pour la Fondation Thiers ! »

*

C'est pourtant de là qu'un soir de cocktail, pour je ne sais plus quel anniversaire, de la bouche même du doyen de la Sorbonne, André Aymard, grand helléniste qui avait été, je l'ai évoqué plus haut, le président de mon jury d'agrégation, me vint une proposition inattendue et qui allait repousser mon dilemme. Il s'est tourné vers moi pour me dire : « Ça ne vous tenterait pas de faire le tour du monde ? Passez me voir au décanat. — Et ma thèse, Monsieur le doyen ? » balbutiai-je. Oui, de la bouche même de l'autorité universitaire suprême, je l'entendis me répondre avec un sourire qui en disait long : « Oh, elle peut bien attendre un an ! »

Dans son petit bureau de la Sorbonne, il m'expliqua qu'une certaine Fondation Singer-Polignac, dont il était membre du conseil d'administration, distribuait chaque année une bourse destinée à un jeune universitaire pour courir le monde pendant neuf mois, à condition de ne s'établir nulle part et de ne faire que du tourisme, comme les jeunes Anglais autrefois à la fin de leurs études. J'étais abasourdi et n'interprétais cette proposition que comme un moyen de me chasser de la Fondation Thiers. Une échappatoire se présentait : il fallait être célibataire. Je comptais me marier l'année suivante avec Françoise Cachin, de qui tout paraissait me rapprocher. Pourtant, tout, ou presque, devait bientôt nous séparer.

Devant cette objection majeure, Aymard m'envoya soumettre le problème à Roger Heim, le président du jury de la Fondation Singer-Polignac, directeur du Muséum d'histoire naturelle. Après mûre réflexion, il crut résoudre ainsi le problème : je couperais les neuf mois en deux. La première partie, rien ne m'empêcherait d'être accompagné par la future Madame Nora. Au passage à Paris, je me marierais et, là, il faudrait que je reparte, seul. Bizarre solution. On m'autorisait à partir avec ma fiancée, mais on m'interdisait de partir avec mon épouse !

Je ne connaissais rien du vaste monde. À trente ans, je n'étais jamais allé, par exemple, aux États-Unis, ce qui peut paraître étonnant aujourd'hui. Françoise se proposant de me rejoindre plus tard, François Furet déclara d'autorité : « Tu ne vas tout de même pas dépenser cet argent tout seul, je t'accompagne ! » Nous voilà débarquant à New York un 3 juillet au soir, à Washington Square, pour, le lendemain, arpenter la Cinquième Avenue, en nous étonnant de la voir vide et magasins fermés. Jusqu'à ce que je me frappe le front en m'exclamant : « Mais bon Dieu, on est le 4 juillet ! » « Et alors ? » me dit François Furet. Anecdote amusante : nos deux historiens bien français, en prenant leurs billets, n'avaient pas pensé qu'ils arriveraient le jour de la fête de l'Indépendance !

Nous avons loué une voiture pour rouler joyeusement, comme deux gamins en vacances, jusqu'à Denver, prendre un avion jusqu'à Los Angeles et relouer une voiture pour descendre la superbe route de rocade jusqu'à San Francisco. Je me souviens de notre visite au château Hearst, ce magnat des médias qui avait servi de modèle à *Citizen Kane*. Le guide nous expliqua la fête géante que Hearst avait donnée pour Noël 1943, où le Tout-Hollywood se baignait dans la piscine entourée de colonnes faussement romaines et festoyait dans des bosquets pourvus de téléphones pour se donner rendez-vous. C'était stupéfiant. Ce Noël, qui était en Europe le minuit du monde, le ventre de l'horreur, et pour moi le Portique, où la Gestapo allait bientôt faire une descente, se passait ainsi, de l'autre côté de la Terre...

Je me souviens aussi de notre arrivée à Santa Monica, siège de la Rand Corporation, le centre de réflexion sur la guerre froide. Nathan Leites, sociologue et politologue américain, commentateur de la France gaullienne, et Constantin Melnik, conseiller pour la sécurité et le renseignement à Matignon, celui que la presse présentait comme «l'homme le plus puissant de France», nous y avaient recommandés. On nous demanda donc une conférence sur la France de De Gaulle, qui venait de quitter l'OTAN. François ne parlait pas un mot d'anglais et moi à peine. Je nous revois travaillant toute la nuit. On ne savait ni l'un ni l'autre qu'une intervention en Amérique durait trente ou quarante minutes. Devant Thomas C. Schelling, l'auteur de *La Stratégie du conflit*, et Albert Wohlstetter, un ami de Raymond Aron, les auteurs célèbres de la théorie du conflit nucléaire, je me suis pris les pieds, pendant une heure, dans un anglais que j'espérais compréhensible, dans les méandres du nationalisme français et les différences entre Barrès et Maurras.

Peu à peu, je voyais sortir les assistants sur la pointe des pieds, qui, avec un sourire et le pouce levé pour me féliciter, regardaient leur montre. Le cocktail qui a suivi fut une des hontes de ma vie. « *Great,* Pierre, *you were great !* »

François rentré en France, je me suis décidé à partir au Mexique, par où il fallait passer pour rejoindre Cuba, où l'expérience castriste était à la mode. Françoise Cachin devait me rejoindre à Mexico. À l'occasion d'une conférence qu'on m'avait demandée à l'improviste au Colegio de Mexico, je rencontrai Claude Bataillon, beau-frère de Claude Lefort et fils de Marcel Bataillon, le grand spécialiste de l'humanisme au Collège de France, auteur d'un classique en trois volumes sur *Érasme et l'Espagne*, qui faisait lui-même une tournée de conférences. Il nous invita, Françoise et moi, à l'accompagner quelques jours dans sa voiture. Connaître et voyager en compagnie de cet homme délicieux, de haute culture, la distinction même, est le meilleur souvenir que je garde de ce séjour au Mexique.

Les Aztèques et les Incas m'ont paru des civilisations de brutes ; je devais être de bien méchante humeur ! Une journée à Oaxaca de Juárez, invité par Jean-Baptiste Duroselle, spécialiste des relations internationales et le plus proche disciple de Renouvin, a été pour moi un martyre universitaire. À Mexico, je respirais mal, l'altitude m'oppressait, j'avais déjà les premiers signes d'un asthme bronchique qui m'a poursuivi toute ma vie. Françoise partie, je n'ai rien trouvé de mieux que de m'enfermer à l'hôtel pour écrire le compte rendu du livre d'Eugen Weber sur l'Action française à paraître dans les *Annales* !

Claude Bataillon m'a sauvé de ce marasme en m'accompagnant à Cuba. J'ai été d'emblée séduit par la beauté des paysages, la beauté des femmes, les sympathies que j'ai tout de suite trouvées à l'Union des écrivains. Derrière les enthousiasmes de convention, les confidences me confirmaient cependant dans le sentiment de la tyrannie souterraine et du désastre à venir. J'ai envoyé à *France Observateur* un compte rendu de voyage si critique que le journal a préféré ne pas le publier !

Rentré par Prague – à l'époque, la liaison directe était interdite – et dûment passés devant Monsieur le maire du VIe arrondissement, nous sommes repartis à deux, enfreignant la consigne.

Une douzaine d'années avant les Khmers rouges, nous avons vu un Cambodge apparemment tranquille. Invités par l'ambassadeur de France à le suivre dans des plantations pour des remises de Légions d'honneur en série, nous nous sommes trouvés accompagnés par l'ambassadeur de Chine. Celui-ci, qui avait pris en sympathie notre jeune couple pendant ces quelques jours, nous a demandé soudain pourquoi nous n'irions pas en Chine plutôt qu'au Japon, nous laissant stupéfaits, car la Chine était encore fermée à tout étranger. C'était à coup sûr un geste de gratitude vis-à-vis de la France, où le général de Gaulle venait en janvier de reconnaître la République populaire de Chine, et nous étions les tout premiers Français à en bénéficier.

Un gouffre de questions s'ouvrait alors à nous. Comment y aller ? Que pourrions-nous voir ? Qui pour nous piloter ? Notre permis de séjour n'étant valable qu'un mois, il n'y avait pas une minute à perdre. L'ambassadeur de France nous ayant conseillé de prendre contact, à Hong Kong, avec le consul de France, nous voilà partis, comme des fous, à la Belmondo dans *L'Homme de Rio*. Saint-Mleux, le consul de France, ahuri de cette perspective, nous a dit : « Écoutez, je ne vois qu'une solution. Mon attaché de cabinet part demain à Pékin préparer l'arrivée de l'ambassadeur Lucien Paye. Je vais vous faire un papier diplomatique qui vous permettra de l'accompagner. Là-bas, prenez contact avec China Travel service et débrouillez-vous. » C'est ainsi que j'ai fait la connaissance de Jean-Pierre Angrémy, futur auteur du *Sac du Palais d'Été*, sous le nom de Pierre-Jean Rémy, et de plus de soixante livres, romans, biographies, ouvrages sur l'opéra. Médiocre diplomate, « médiocre écrivain » selon son propre aveu, habile à sauter de poste en poste, ce qui lui laissait le temps d'écrire, Jean-Pierre était un ami sympathique et chaleureux, un homme de haute culture, à qui m'ont lié mille péripéties : un merveilleux séjour de trois semaines à la villa Médicis quand il y était directeur; l'échec de ma première candidature à l'Académie française parce que, dans son désir que j'y entre, il était allé jusqu'à rencontrer chacun des membres pour leur dire que j'étais beaucoup plus intelligent qu'eux; une brouille homérique pour mes positions hostiles à la Bibliothèque Mitterrand quand il en était l'administrateur. Et pourtant, une vraie amitié.

Quel voyage, quelle émotion! Franchir la frontière, à pied, sa valise à la main, traverser la Chine dans un train bourré de Chinois qui nous regardaient comme des Martiens, arriver à l'hôtel Chinchao pour tomber nez à nez avec Jules Roy, invité par Mao Tse-toung après son livre sur Diên Biên Phu et qui piaffait en attendant sa réception par le Grand Timonier, laquelle ne vint d'ailleurs jamais, déclenchant le courroux que Roy exprima dans son *Voyage en Chine*.

Les premiers jours de notre arrivée, on m'annonça une manifestation de routine pour accueillir un dirigeant africain. Ce fut ma première impression forte : un million et demi de Chinois défilant en ordre avec des slogans de bienvenue. J'avais déjà assisté, et même participé, à des manifestations gigantesques de trois cent mille à cinq cent mille personnes; mais un million et demi, c'est un sentiment océanique, vertigineux, qui donne un échantillon de l'épaisseur, du nombre, de la grandeur, de l'espace chinois.

China Travel service nous avait organisé la visite des sites touristiques autorisés : la Grande Muraille, Xian, Shanghai, mais la veille du départ, un soir, le voyage a tourné tout autrement.

J'ai été pris des signes de colique néphrétique dont j'étais à l'époque coutumier, et en prévision desquelles j'avais emporté les antidouleurs habituels. Françoise est descendue aux cuisines pour faire bouillir la seringue, et là, les choses se sont précipitées. Arrivée de la police – «Elle se drogue !» –, explications difficiles, conciliabules incompréhensibles pour finir par nous faire déposer aux urgences d'un hôpital, derniers d'une interminable file qui attendait dans la nuit et d'où montaient des gémissements de malades et de femmes enceintes. Quelqu'un est venu nous chercher, je commençais à beaucoup souffrir, un sympathique «petit-docteur» avec un masque à l'asiatique qui cachait son visage me fit une piqûre qui me calma et nous sommes rentrés cahin-caha à l'hôtel.

Au bout de deux heures, la souffrance recommença de plus belle et nous retournâmes à l'hôpital dans une espèce de rickshaw dont chaque cahot m'arrachait des cris de douleur. La file attendait toujours, aussi longue, mais personne n'empêcha les deux nobles étrangers d'aller directement retrouver notre petit-docteur. Françoise s'inquiétait et demanda à voir un médecin de garde. Le petit-docteur lui expliqua en mauvais anglais qu'elle n'avait rien à craindre, qu'il avait un an de médecine dont six mois d'occidentale. Il revint avec une grosse seringue. Au fur et à mesure de l'injection, je me suis senti partir, tomber dans un gouffre, perdre connaissance. Devant ce récidiviste, il avait sans doute doublé ou triplé la dose de morphine.

On me raconta, quand j'ai repris vaguement mes esprits, que le personnel de l'hôpital, épouvanté d'avoir un malade étranger sur les bras, m'avait rapidement évacué dans une voiture de service. Françoise, affolée, ne sachant que faire, se voyait déjà rentrer à Paris avec le cercueil, charmant voyage de noces. Elle monta chercher Jules Roy, qui n'en pouvait mais. Le lendemain, la femme d'un diplomate, Belge et médecin, accepta de venir m'ausculter, à condition que soit gardé un secret absolu, l'exercice de la médecine par un étranger étant interdit. J'étais dans un si piètre état que tout ce qu'elle put dire était qu'elle ne répondait de rien si je n'étais pas pris en charge rapidement pour être désintoxiqué de cet abus de morphine. Françoise, dans la matinée, finit par joindre Jean-Pierre Angrémy qui appela d'urgence Lucien Paye, en route pour Pékin.

Quelques heures après, tout changea. Je vis arriver dans l'après-midi des brancardiers qui m'installèrent dans une ambulance pour m'amener, je crois, pour la troisième fois dans le même hôpital, mais cette fois directement dans une chambre à deux. Mon compagnon était un Africain, tout heureux de pouvoir parler avec un Français. Il devait se faire opérer le lendemain et mourait de peur en me demandant si on pouvait faire confiance à « ces gens-là ».

Un autre petit-docteur, cette fois féminin, vint avec un grand rouleau de papier pour enregistrer mon identité et me demander consciencieusement : « Quand êtes-vous entré au Parti ? Vous entendez-vous bien avec vos camarades ? » Aucun docteur ne vint me voir, mais on me soigna. Le lendemain après-midi, j'eus la visite de Lucien Paye, qui venait d'arriver et tenait à montrer aux autorités chinoises le cas qu'il fallait faire de moi. Il m'expliqua qu'il avait fait appeler le secrétariat de Chou En-lai et que celui-ci – pas moins ! – avait donné des ordres pour que je sois pris en charge. Lucien Paye eut une formule que je me suis souvent répétée : « La santé, c'est le silence du corps. »

Le silence revint en trois jours, mais le voyage était terminé. Je voulus remercier le médecin, que je n'avais toujours pas vu. Je sentis dans le couloir une grande agitation à l'idée que je demande à voir un médecin ; on m'expliqua que l'équipe médicale au dernier étage de l'hôpital ne soignait que sur dossier. Finalement, trois blouses blanches vinrent au pied de mon lit, j'exprimai mes remerciements, en leur assurant que je ne manquerais pas de dire en France les bons traitements que j'avais reçus. Silence prolongé, hésitation visible entre les trois médecins avant que l'un d'eux, qui parlait un peu d'anglais, se décidât à faire un pas devant les deux autres pour m'assurer au nom du peuple chinois de son respect pour le grand pays dont j'étais un grand représentant, et qui avait manifesté un grand courage. Il m'a demandé quelle langue on parlait en France, « l'anglais ? », et quand j'ai eu l'air étonné, il m'a fait un geste vague – « *western countries...* ».

Il ne restait plus qu'à rentrer, après quelques jours de repos à Hong Kong.

Cet incident a l'air anecdotique. Il n'empêche que j'ai eu le sentiment de crever le mur du tourisme encadré pour éprouver quelque chose de l'intérieur chinois de l'époque. À titre personnel, c'est la première fois que j'ai fait l'expérience de l'angoisse, de l'impossibilité de communiquer, de l'éloignement définitif, de la proximité de la mort. C'en était fait pour longtemps des voyages lointains.

★

De retour à Paris, choqué par l'expérience que je venais de vivre, et la tête encore pleine des impressions de ces derniers mois, deux surprises m'attendaient, toutes les deux venues de Renouvin. Puisque ce voyage m'avait privé d'une année de travail à la

Fondation Thiers pour «avancer ma thèse», une année supplémentaire de liberté au CNRS m'était octroyée ; et une demande, de Duroselle, chargé de la préparation des «Mélanges en l'honneur de Pierre Renouvin», de participer à ces hommages. Je n'en revenais pas, Duroselle non plus. Il me dit que cette proposition ne venait pas de lui. Renouvin, à qui il annonçait cette initiative de ses confrères, au moment de sa retraite, aurait fait quelques manières de fausse modestie et lui aurait déclaré : «Puisque vous insistez, voici ma liste.» Toutes les sommités d'histoire internationale y figuraient, et tout en bas mon nom. Duroselle ne me cachait pas son étonnement, mais il obtempérait.

Les «Mélanges» sont généralement un recueil d'articles courts, très spécialisés, dont les participants se débarrassent au plus vite et que personne ne lit. Pétri de reconnaissance par tant de bienfaits de la part d'un homme dont je redoutais au contraire la déception et l'indifférence, je me lançai corps et âme dans un article interminable sur l'esquisse d'un sujet au-dessus de mes moyens : le rapport des Américains à leur propre passé.

J'avais eu en effet, aux États-Unis, une espèce de choc anthropologique : un mélange de proximité et d'étrangeté. Une société, sur le même répertoire historique que nous, avait tissé sur son court passé une histoire, ou plutôt un sentiment de l'histoire très différent. L'idée que les deux révolutions n'avaient pas eu le même sens était frappante même si l'américaine avait influencé la française. L'américaine n'avait été constitutive que des États-Unis, tandis que la française avait été à vocation universelle. Une très large bibliographie explorait, à cette époque, le nationalisme de guerre froide. Elle amenait elle-même à faire l'histoire des rapports successifs des Américains avec leur propre histoire. Je me suis jeté sur cette bibliographie comme un forcené, mais avec le sentiment d'avoir mis la main sur un grand sujet, à la Tocqueville ; sur une mémoire collective toujours ambivalente par rapport à l'Europe. Un Français qui ne retrouvait là-bas ni ses paysans, ni son Ancien Régime, ni son XIXe siècle, ni ses révolutions n'était, peut-être par contraste, pas le plus mal placé pour percer, du haut de notre héritage que nous appelons l'Histoire, l'opacité d'une histoire apparemment sans opacité.

L'article envoyé sous le titre, emprunté à Hegel, « Le fardeau de l'histoire aux États-Unis », Duroselle m'a téléphoné pour me dire qu'il le publierait, puisque Renouvin l'avait demandé, mais qu'il n'avait rien compris, pas même de quoi je parlais.

Cela m'aurait fait froid dans le dos si je n'avais reçu de mes amis des Annales un concert d'éloges, spécialement de Jacques Le Goff. Lévi-Strauss m'avait envoyé un mot : « Partez quelques années aux États-Unis, faites votre thèse sur le sujet. Au Collège de France, nous manquons d'un spécialiste de l'Amérique. » Et mieux encore, un mot très enthousiaste de Richard Hofstadter, l'auteur que j'admirais profondément de *The American Political Tradition*, dont une phrase, essentielle, exprimait ce que j'avais en partie voulu dire : « Cela a été notre destin historique, en tant que nation, de n'avoir pas d'idéologie, mais d'en être une. »

J'ai bien tenté, dans les années suivantes, de suivre la bibliographie américaine, de faire, ici et là, des articles sur la Révolution et la Constitution américaines, sur les « intellectuels » aux États-Unis ; tous sujets éclairants par contraste avec la France, unie à l'Amérique par tout ce qui l'en sépare, à savoir les Lumières ; je n'ai, une fois de plus, pas poussé mes avantages dans une direction définie, pour en recueillir le profit.

Au contraire, je me suis engagé avec la même fougue dans un projet bien différent, mais qui m'a peut-être orienté vers une de mes véritables vocations, l'édition.

Ce projet était né d'avant l'année des voyages, penché aux Archives nationales, toujours avec l'idée d'une thèse, sur un compte rendu de procès d'anarchistes de la fin du XIXe siècle, sorti de la série Bb18, celle des procureurs généraux. C'était passionnant à lire, mais je ne voyais pas comment m'en servir. Il m'a sauté aux yeux que le plus intéressant serait de les publier comme tels, de mettre le lecteur en contact direct avec les documents, présentés et montés par des historiens qualifiés. J'en ai parlé, à la Bibliothèque nationale, à Annie Kriegel qui a pris feu et flamme pour ce projet.

J'avais fait, peu avant, la connaissance de cette personnalité exceptionnelle de notre groupe d'historiens. Annie terminait alors sa thèse, devenue un grand classique, sur les origines du communisme français. Déjà très antistalinienne, elle allait bientôt entamer sa reconquête d'une conscience juive et son virage à droite. Elle mélangeait, du temps de sa militance communiste, un tempérament de commissaire politique, dont Edgar Morin a fait l'inoubliable portrait dans *Autocritique*, avec un naturel de femme supérieurement intelligente et d'amie chaleureuse. Certains n'ont connu d'elle que sa fureur de lionne. J'ai plutôt bénéficié durant toute sa vie de sa générosité de louve romaine.

L'idée mère de cette collection était née du livre de poche, qui explosait en ces années 1963-1964. À cette époque se créait chez Gallimard la collection «Idées», 10/18 se mettait à publier des essais intellectuels, Le Seuil lançait des petites collections sous la direction de Chris Marker comme «Petite Planète». Explosait aussi cette même année la fameuse querelle du livre de poche, les uns voyant dans cette formule à bon marché l'instrument de la démocratisation de la culture, les autres n'y voyant qu'une déchéance de la culture, une falsification par la publication de morceaux choisis et de classiques plus ou moins tronqués.

En histoire, on trouvait d'un côté des livres savants dans des collections universitaires et des livres de vulgarisation de l'autre. La formule, à laquelle j'ai tout de suite donné le nom d'« Archives », me paraissait inaugurer une autre voie, les archives dans la poche, l'histoire la plus savante au service immédiat du plus grand nombre. Le livre de poche rééditait des textes consacrés, déjà parus dans un format traditionnel. À l'inverse, c'était la première collection de poche faite d'inédits. Mais ces inédits, il fallait les « monter », les draper comme un couturier, les mettre en scène, les faire parler. Il fallait trouver des documents variés, des sujets susceptibles de rencontrer une sensibilité latente chez le lecteur, s'adresser à la mémoire collective des Français. Le titre devait faire balle, comme *Auschwitz* par Poliakov, dont j'ai parlé, *Le Congrès de Tours,* ou *Vienne 1900.* Annie m'a beaucoup aidé à mettre au point la formule.

C'est elle qui a eu l'idée d'exploiter les archives de Jules Humbert-Droz, l'ancien délégué de l'Internationale à Paris au moment de la fondation du Parti communiste, en 1920. Ce type de sujet a perdu tout caractère sensible depuis la fin de l'hégémonie du Parti communiste ; il était alors explosif. Jules Humbert-Droz envoyait à Moscou des rapports détaillés mais, déjà méfiant, il en gardait le double, qu'il comptait déposer à l'Institut d'histoire sociale d'Amsterdam, qui venait de se fonder. Je suis allé le voir à La Chaux-de-Fonds, en Suisse, un jour d'hiver neigeux; il devait avoir soixante-quinze ou quatre-vingts ans. Un vieux monsieur m'a ouvert la porte en charentaises et, autour d'un petit déjeuner, Boukharine, Zinoviev et Kamenev volaient dans la pièce pendant qu'il me racontait sa vie mouvementée, entre l'Espagne, l'URSS, la prison, pour finir par cette phrase prononcée avec l'accent suisse : « À septante-cinq ans, Monsieur, un révolutionnaire, il peut prendre sa retraite ! »

Nous avions travaillé toute la journée dans ses archives. Puis Annie m'avait aidé à les monter. Quand s'est posé le problème du titre, j'ai eu du mal à lui faire admettre *L'Œil de Moscou à Paris*, mais c'était là l'esprit même de la collection.

Chacun de ces livres a été au départ une aventure avec l'auteur, à qui cette formule paraissait attirante et provocatrice. J'ai raconté ainsi, dans la préface à ses œuvres dans la « Pléiade », ma visite à Duby à Aix-en-Provence, d'où sont sortis *L'An mil* et *Les Procès de Jeanne d'Arc*. J'avais dû réécrire en revanche à peu près tous les commentaires de Jean Maitron, l'animateur alors bien connu du *Dictionnaire biographique du mouvement ouvrier français;* admirable chercheur, mais piètre écrivain qui m'avait dit, après mes corrections : « C'est très bien, mais mes lecteurs ne me reconnaîtront pas ! »

Inoubliable période d'effervescence, de recherches dans tous les domaines, y compris la typographie et les couvertures. J'avais refusé toutes celles que

Christian Bourgois me présentait, pour finir par tomber, grâce à ma sœur, sur un tout jeune graphiste suisse d'une inculture crasse, mais d'un sens remarquable de l'image. C'est lui qui a trouvé entre autres les deux fils de fer barbelés de la couverture d'*Auschwitz*, que tant de couvertures de livres sur les camps ont ensuite imitée. L'apprentissage de l'édition sur le tas, avec l'appui et la complicité permanente de Christian Bourgois, devenu un ami proche.

Bourgois, qui fut un des compagnons de ma vie, sortait à l'époque de l'ENA, ou plutôt venait d'en démissionner par passion éditoriale, envoyant promener le brillant avenir qu'il aurait eu certainement dans la haute administration. Il avait été introduit par son père auprès de René Julliard, dont il était devenu le dauphin. Il avait l'indolence douée et, derrière ses lunettes noires qu'il ne quittait jamais, un vrai regard d'éditeur. C'est lui qui m'a mis le pied à l'étrier dans l'édition.

C'est avec « Archives » que j'ai fait mes premières armes d'éditeur. Le succès a été au rendez-vous.

Il est très difficile aujourd'hui, où la publication de documents intégraux est devenue une routine, de faire sentir la nouveauté que représentait une telle collection et dans quel mouvement général elle s'inscrivait. C'est le moment où la Nouvelle Histoire faisait sa percée dans le grand public; où s'opérait un profond renouvellement de la sensibilité collective au passé, qui se traduisait dans l'édition avec l'explosion du statut du «directeur de collection» dont l'époque fut si féconde.

Il faut rappeler, pour ne prendre qu'un exemple mais inaugural, le succès de best-seller remporté en 1966 par *Louis XIV et vingt millions de Français*, de Pierre Goubert, premier livre d'une nouvelle collection d'histoire chez Fayard, «L'histoire sans frontières». Ce titre a illustré une révolution historiographique. La démographie quantitative, austère discipline, pratiquée pendant vingt ans par Pierre Goubert, lui permettait de commencer cet ouvrage qui changeait la perception du Grand Siècle par cette phrase choc : «En 1661 [date de l'avènement de Louis XIV] l'espoir moyen de vie était de 27 ans. Et comme le cimetière était au centre du village, la mort était au centre de la vie.»

Moins de dix ans plus tard, ce serait le succès de *Montaillou, village occitan* d'Emmanuel Le Roy Ladurie et de *L'Empire éclaté*, d'Hélène Carrère d'Encausse. Le premier, représentatif d'une forme nouvelle d'approche du passé, l'intrusion de la grande histoire dans la petite ; le second, annonciateur d'une réalité prochaine.

Tous ces livres dépassaient les cent mille exemplaires et chacun des «Archives» de dix à cinquante mille, comme *Nous les maîtres d'école*, présenté par mon ami Jacques Ozouf, dont j'ai déjà parlé. Pour faire sa thèse sur les instituteurs d'avant 1914, il avait envoyé aux cinq mille d'entre eux encore vivants un questionnaire détaillé. Il était tombé sur un milieu de retraités qui avaient du temps et la nostalgie de cette Belle Époque. Les taux de réponse avaient dépassé toutes les prévisions, des réponses d'instituteurs par définition bien écrites. Ce fonds constituait de toute évidence un trésor, et le titre *Nous les maîtres d'école* a contribué à lancer le livre, qui a dépassé les quatre-vingt mille exemplaires.

La révolution éditoriale et la révolution historiographique marchaient alors du même pas.

C'est le mouvement qui a inspiré à Claude Gallimard l'idée de se tourner vers moi.

Après la mort de Michel Gallimard dans un accident de voiture avec Albert Camus, il avait pris seul les rênes de la Maison. Il cherchait quelqu'un pour faire une collection d'histoire ; ça ne m'intéressait pas. J'avais assez avec « Archives », d'autant que Renouvin – toujours lui ! – m'avait affecté à un poste d'assistant à Sciences Po, où il avait ses entrées, sous la houlette de René Rémond, « le petit Rémond », comme on appelait alors ce grand échalas.

Ces obstacles n'ont pas découragé Claude Gallimard. La maison dont il héritait était la plus prestigieuse du point de vue littéraire et philosophique, mais absente dans le domaine de l'histoire et des sciences humaines. Le Seuil, maison montante, mélangeait le « telquelisme » avant-gardiste de Philippe Sollers avec le catholicisme de gauche, une amicale complicité liant Paul Flamand, le directeur, avec Hubert Beuve-Méry, le directeur du *Monde*, et Jean-Marie Domenach, successeur d'Emmanuel Mounier à la tête de la revue *Esprit*. René Julliard, qui avait fondé sa maison après la guerre, rassemblait des collections très disparates mais très vivantes, publiant *Les Temps modernes*, que Malraux, tout-puissant, avait fait chasser de Gallimard, mais aussi *La Nef* qu'animait Lucie Faure, la femme d'Edgar, et des auteurs aussi différents que Charles-André Julien, professeur en Sorbonne et auteur de *L'Afrique du Nord en marche*, ou Françoise Sagan, dont *Bonjour tristesse* avait contribué à lancer la jeune maison. Julliard était l'autre éditeur montant, publiant des livres sur l'Algérie avec Francis Jeanson, Jules Roy, Jean-Jacques Servan-Schreiber.

René Julliard ayant brutalement disparu en 1962, Christian Bourgois paraissait devoir reprendre le flambeau, malgré sa jeunesse. Il m'avait installé sous les combles, dans un petit bureau tout bleu mansardé, à côté de Jean-François Revel qui dirigeait plusieurs collections comme « Littératures » puis « Libertés », faites de pamphlets tels que *J'accuse* ou *Les Luttes de classes en France*, dont il m'avait demandé les préfaces. Période exaltante, entre amis, où j'aurais bien aimé développer mon activité, avec Sciences Po tout proche, puisque Julliard occupait alors le 30 rue de l'Université, à l'angle de la rue de Beaune, en face de Gallimard, qu'il paraissait défier.

Malheureusement, Christian Bourgois, appelé plus tard à fonder ses propres éditions, a laissé Gisèle Julliard, la femme de René, vendre la Maison au Groupe de la Cité. Ce consortium inaugurait la concentration de l'édition et son passage aux mains d'hommes d'affaires, comme du Closel et Clermont-Tonnerre, porteur d'un grand nom, mais peu fait pour l'édition. De Gaulle, ironique, demandait en le rencontrant : « Alors, Clermont-Tonnerre, toujours libraire ? » Les éditions Julliard prenaient l'eau.

Claude Gallimard a compris que, dans cet éventail de l'édition française et des collections de sa maison, il ne lui manquait qu'un secteur d'essais et de sciences humaines pour être à la page, en laissant à Jérôme Lindon, qui dirigeait les Éditions de Minuit, le Nouveau Roman, les livres d'engagement sur l'Algérie et la collection « Le sens commun » de Pierre Bourdieu pour la sociologie contemporaine.

Il ne m'a pas lâché. Après un premier contact par ma belle-sœur Léone, la femme de Simon, alors l'attachée de presse de la maison, il m'a invité plusieurs fois dans de petits bistrots discrets, puisque je ne voulais pas que Bourgois apprenne nos pourparlers, et, malgré moi, j'ai fait monter les enchères jusqu'à ce qu'il me dise : « Mon père, ça a été la littérature. Maintenant, il n'y a pas grand monde.

On parle de Braudel, qui est chez Armand Colin, de Lévi-Strauss, chez Plon. Ce que je voudrais, c'est qu'auprès de moi vous m'aidiez à créer un secteur d'idées, de documents, de sciences humaines. » Pas une collection, un secteur.

Là, mes jambes ont commencé à flageoler. Sciences Po était loin d'occuper tout mon temps. Quand on vous offre, à moins de trente-cinq ans, carte blanche pour développer un secteur de « *non fiction* » chez Gallimard, la tête vous tourne. Mon entourage avait beau me dire : « Tu n'écriras plus rien, Gallimard va t'engloutir », une pareille offre ne se refusait pas. À l'un de nos déjeuners de complices, Claude Gallimard m'a donné le catalogue des collections éparses, endormies, comme la « Bibliothèque des Idées », tombée en quenouille, comme « La suite des temps », à l'abandon ou presque, comme « L'espèce humaine », dirigée de loin par Michel Leiris, en me demandant un plan de réforme. Je l'ai fait et, timidement, lui ai proposé un accord provisoire, pour voir si les jeunes gens s'entendaient.

En cet automne 1965, cinq ans après mon retour d'Algérie, les choses se dessinaient pour moi. L'apprentissage s'achevait, j'allais me fixer. « Lavisse » et « Le fardeau de l'histoire » que devait bientôt compléter, après le choc de 1968, un article sur « L'événement monstre » dessinaient une approche neuve et personnelle de l'histoire contemporaine : le présent, la nation, la mémoire. Sciences Po, où je devais rester douze ans, allait me mener à une direction d'études à l'École des hautes études en sciences sociales (EHESS). Et Gallimard m'ouvrait toute grande la scène de l'édition. Je m'engageais à des « fiançailles » pour deux ans.

À l'heure où j'écris ces lignes, nous avons célébré depuis cinq ans déjà nos noces d'or.

LE PETIT DERNIER

Le fait d'avoir été le benjamin de la famille et d'avoir surtout passé mon temps à écouter et à regarder les autres s'agiter a sans doute commandé ma constante manière d'être dans la vie : l'écart, le décalage, la priorité à l'oreille et à l'œil, l'observation plutôt que l'action, la distance critique. La tendance à entrer trop aisément dans la logique des autres, ce qui me retient d'affirmer la mienne. Le dialogue avec moi-même, plus facile et constant qu'avec les autres. Je me reconnais le sens du réel, mais un manque absolu d'imagination créatrice. C'est ce qui me rend, en littérature, sensible à la fin de la grande tradition critique, de Sainte-Beuve à Maurice Blanchot et Jean Starobinski, dans laquelle, si j'avais écrit, j'aurais voulu m'inscrire.

Cette place en retrait, aux aguets, a pu donner de moi l'impression d'être un « homme de l'ombre », un personnage en mode mineur, peu disposé à occuper les premiers plans. Du monde, de l'action, de l'histoire, des médias, je me suis fait le « regardeur ».

Je ne me suis jamais engagé en politique, sauf pendant la guerre d'Algérie. Je n'ai rien fait pour gagner de l'argent et ne comprends pas comment on s'y prend. J'ai été élevé ainsi par un père qui considérait que, pour faire de la politique, il fallait être incapable de faire autre chose ; quant au monde des affaires, il ne lui inspirait que du mépris.

Mon choix d'être historien est peut-être une manière de ne pas être dans l'action. De regarder, si j'ose dire, le temps passer. On raconte, on analyse, on étudie, mais on ne participe pas. Le type même de l'histoire à laquelle je me suis attaché accentue ce penchant pour une histoire spontanément ethnologique. Et la période qui m'a attiré, l'histoire contemporaine, me faisait comme une obligation de prendre sur elle un surplomb, un détachement critique, une absence d'engagement. Je me suis construit comme un « homme sans opinions » au sens où Musil parle d'un « homme sans qualités ». C'est peut-être ce qui m'a poussé à donner à ma revue le titre *Le Débat*, qui dit bien la philosophie qui l'inspire. *Les Lieux de mémoire* sont l'illustration de cette attitude, puisqu'ils consistent à « objectiver » le sujet d'histoire, à se « défamiliariser » par exemple du drapeau français ou de *La Marseillaise*, pour les regarder de l'extérieur, en entomologiste, pas en citoyen français. À se couper du sentiment identitaire pour faire passer les identités nationales sous le microscope de l'historien, étudier comment elles se sont formées, comment le temps les a transformées et véhiculées jusqu'à nous. Cela implique de donner priorité à l'historiographie, c'est-à-dire à l'histoire de l'histoire, ce que j'ai appelé «l'histoire au second degré».

Somme toute, je me suis fait connaître par ce qui m'a fait inconnu!

J'ai passé quarante ans dans l'enseignement, à Oran, à Sciences Po, aux Hautes Études. Ma voix sonore, mon application pédagogique ont laissé – j'en ai bien des preuves – un souvenir durable à mes élèves et à mes étudiants. J'ai beaucoup aimé enseigner, faire des cours, des conférences, des séminaires, et j'ai noué dans ce milieu presque toutes mes amitiés. Mais ce métier, je ne l'ai pas choisi, je l'ai exercé, je m'y suis laissé conduire, par défaut. Encore n'était-ce pas la voie normale de l'université, mais la voie parallèle, Sciences Po et l'École des hautes études, spécialisée dans la recherche.

Dans ces deux institutions, je me suis senti le mouton à cinq pattes, l'embrigadé du hasard, celui qui «n'en était pas vraiment»; et après «l'homme sans opinions», «l'homme d'à côté».

Je dirais la même chose de l'édition, derrière laquelle on peut considérer que je me suis caché. L'éditeur est pour moi comme un grand couturier, comme un metteur en scène, mais il n'est ni la robe ni la pièce de théâtre.

Les grands éditeurs sont le plus souvent des écrivains manqués. L'édition est pour eux une manière d'écrire par procuration. Elle donne l'illusion de manipuler les auteurs comme des pions sur un échiquier, pour gagner on ne sait quelle partie. Je me suis d'abord livré à l'édition par goût de la collection, d'autant que mon activité éditoriale a coïncidé avec l'émergence de ce personnage, le «directeur de collection», que furent par exemple Chris Marker avec «Petite Planète» ou Jean Malaurie avec «Terre humaine», où avaient paru *Tristes Tropiques* et tant de chefs-d'œuvre.

«Archives» a été une vraie invention éditoriale personnelle. Mais chez Gallimard, il a fallu que le rassemblement des publications individuelles, la qualité de chacun des titres, le collier d'auteurs dont j'enfilais les perles finissent par prendre un sens collectif qui dépassait la qualité de chacune des pièces, composant un puzzle d'où émerge une figure. À ce moment-là, j'ai compris que je faisais «œuvre» d'éditeur, mais que je bâtissais une œuvre sur la base d'une non-œuvre personnelle. C'est pourquoi j'ai éprouvé le besoin de faire, à côté, œuvre d'historien.

Le «regardeur» est par définition un esprit critique, porté à débusquer les postures sociales ou intellectuelles, à faire des portraits et à raconter des histoires, celles que condense ce petit livre. On m'a tellement pressé de les coucher sur le papier, j'ai fini par le faire. Le temps qui passe m'a fait nécessité. Après avoir été longtemps le plus jeune, tout fier d'exhiber en public ma date de naissance comme le dernier-né, je me trouve aujourd'hui le plus âgé, tout fier d'exhiber ma date de naissance comme un survivant précaire.

Je suis aujourd'hui l'un des derniers témoins d'une des époques intellectuelles françaises les plus effervescentes, comme je suis le dernier témoin d'un noyau familial d'un autre âge, mais intéressant et fécond. Cela me fait un devoir de consigner ce que j'ai vu.

Pendant que j'écrivais ce mémoire, mon entourage me reprochait de me tourner vers mes souvenirs personnels et familiaux plutôt que mes souvenirs d'éditeur et d'historien, les seuls intéressants pour un lecteur. Ils ont raison, Michel Foucault suscite sans doute plus de curiosité que Michelle Dupé, ma gouvernante. Les grands auteurs, les relations que j'ai entretenues avec eux, la maison Gallimard, où j'aurai passé plus de cinquante-cinq ans, les mille livres que j'ai publiés, le laboratoire éditorial où j'ai vécu, les quarante ans de vie du *Débat* avec Marcel Gauchet et Krzysztof Pomian, je brûle de les raconter et je le ferai dans un autre livre, si la vie m'en laisse le temps et les moyens. Et si je ne le faisais pas, il y a assez d'éléments épars, notamment dans *Historien public* et ailleurs, pour en reconstituer l'essentiel.

J'ai paré ici au plus pressé, au moins connu, et à ce qui, de ma jeunesse, me tient le plus à cœur.

La Cour des Hayes
15 mars-15 septembre 2020

REMERCIEMENTS

Quatre fées se sont penchées sur le berceau de cette *Jeunesse* : Mona Ozouf qui m'a poussé depuis tant d'années à l'entreprendre ; Teresa Cremisi qui m'a encouragé à chaque chapitre à la poursuivre ; Anne Sinclair qui ne l'a pas quittée des yeux ; Christel Chassagnol qui a veillé tout au long sur le manuscrit.

Ma fraternelle gratitude s'adresse aussi à Ran Halévi pour son soutien de toujours, son empathie pour ce projet et sa lecture affectueuse et scrupuleuse.

Je remercie tendrement mon neveu Olivier Nora de m'avoir prêté son double regard, familial et éditorial.

Antoine Gallimard m'avait fait amicalement promettre de lui livrer mes Mémoires il y a vingt ans. Je suis heureux de les lui remettre, avec un peu de retard et sous une forme qu'il n'attendait peut-être pas, mais qu'il a accueillie avec chaleur.

Composition PCA/CMB.
Achevé d'imprimer
sur Roto-Page
par l'Imprimerie Floch
à Mayenne, en février 2021.
Dépôt légal : février 2021.
Numéro d'imprimeur : 97708.

ISBN : 978-2-07-293867-2 / Imprimé en France.

378466